FOREX TRADING

Teil 1: Zwei Strategien der runden Zahl
Teil 2: Zwei Strategien mit den weekly Pivots
Teil 3: Traden mit dem weekly High und Low
Teil 4: Trade mehrere Strategien gleichzeitig

Heikin Ashi Trader

DAO PRESS

Paperback: ISBN 978-9925-7627-9-8

The Cyprus Library has cataloged the paperback edition as follows: Heikin Ashi Trader. Forex Trading, Die Komplette Serie

1.Auflage März 2020
Published by:
Dao Press ist ein Imprint von
Splendid Island, Ltd.
Scanbox 05927
Ehrenbergstrasse 16a
10245 Berlin - Deutschland

Inhaltsverzeichnis

TEIL 1:
ZWEI STRATEGIEN
DER RUNDEN ZAHL

Einführung

Wer den DAX-Future traden kann, der wird auch an den Forexmärkten erfolgreich sein, so dachte ich immer. Denn es heißt doch: Das menschliche Verhalten war zu allen Zeiten und in allen Finanzmärkten gleich. Man braucht es nur zu studieren, damit man daraus Trading-Strategien entwickeln kann, die universell anwendbar sind.

Wenn diese Aussage im Prinzip richtig ist, so stimmt aber genauso, dass jeder Markt seine Eigenart hat. Trader, die über Jahre denselben Markt handeln, wissen dies. Seine Muster wiederholen sich, Trends werden in einer spezifischen Art vorbereitet. Der erfahrene Trader weiß (oder spürt) wann er einsteigen soll oder wann er besser die Finger davon lässt.

Wenn diese Dinge bis zu einem gewissen Grad auch für den Forexmärkten zutreffen, so lässt sich doch sagen, dass den Devisenmärkten eine Besonderheit eigen ist, die eigentlich nur hier gilt. Devisenmärkte sind eigentlich keine Märkte, denn es gibt keinen Ort oder keine zentrale Instanz, wo sich Käufer und Verkäufer begegnen. Im Gegensatz zu den Aktienmärkten und den Rohstoffen gibt es keinen zentralen Ort, an dem Devisen gehandelt werden.

Der Devisenmarkt „funktioniert" dank eines Netzwerkes von Handelsbanken, die miteinander und ihren Großkunden kommunizieren. Dies geschah und geschieht zum Teil immer noch über das Telefon, wobei das Internet und die heutige Infrastruktur diese Art von Kommunikation größtenteils ersetzt hat.

Diese dezentrale Struktur sorgt aber dafür, dass sich eine unbegrenzte Zahl von Marktteilnehmern an den Transaktionen beteiligt. Es gibt eigentlich zu jeder Zeit genügend Marktakteure, die bereit sind, diese oder jene Währung zu diesem oder jenen Preis zu kaufen oder zu verkaufen. Diese Tatsache hat zur Folge, dass der Devisenhandel ein sehr effizienter Handel ist. Anders gesagt, es gibt wenig oder fast gar keine Ineffizienzen, die ein Trader ausnutzen könnte, wie das zum Beispiel in den viel ineffizienteren Pennystock-Märkten der Fall ist. Wer gerne Ineffizienzen ausnutzt, der ist an diesen Märkten besser aufgehoben als an den Devisenmärkten. Das Orderbuch (sofern man im Forex überhaupt von so etwas reden kann) ist unglaublich tief. Es gibt keinen liquideren Markt als den Forex.

Bekanntlich werden an jedem einzelnen Handelstag mehr als 4000 Milliarden Dollar an den internationalen

Devisenmärkten umgesetzt. Diese Zahl schwankt, aber sie ist seit Jahren konstant. Die übergroße Zahl an Transaktionen findet natürlich in den sogenannten „Majors", den Hauptpaaren statt. Die Bekanntesten unter ihnen sind EURUSD, USDCHF, GBPUSD und USDJPY.

Wenn diese Märkte also sehr liquide sind und von Millionen Tradern weltweit gehandelt werden, dann erklärt dies auch die Tatsache, dass sich die Schwankungen hier in Grenzen halten. Sie werden selten einen Tag finden, an dem zum Beispiel der EURUSD mehr als 1 % gestiegen oder gefallen ist. In der Regel ist die Schwankungsbreite viel geringer. Dies hat natürlich Folgen für die Eigenart dieser Märkte. Trendiges Verhalten, wie dies zum Beispiel bei den Rohstoffen oder in Aktien vorzufinden ist, ist hier eher die Ausnahme, denn die Regel. Devisenmärkte bewegen sich an Handelstagen hauptsächlich seitwärts.

Wer also Strategien handeln wird, die auf trendiges Verhalten basieren (zum Beispiel Trendfolge-Strategien), ist an diesen Märkten eigentlich nicht richtig. Viel besser wäre es wenn ein solcher Trader einige Aktien aus dem Nasdaq wie Apple, Amazon oder Facebook traden würde.

Und somit kommen wir neben der dezentralen Struktur der Devisenmärkte zu deren zweiten wichtigen Eigenschaft: <u>Devisenmärkte zeigen eher in Ausnahmen trendiges Verhalten auf</u>. Mit anderen Worten: Devisenpaare laufen die meisten Handelstage seitwärts. Wenn Sie dies vielleicht nicht richtig glauben, dann schauen Sie sich diesen Chart des EURUSD an. Kein Mensch wird mir widersprechen, dass das Paar in diesem Zeitabschnitt eine klare Tendenz nach unten zeigt. Anders gesagt, Sie sehen im Chart eine deutlich sichtbare Abwärtsbewegung.

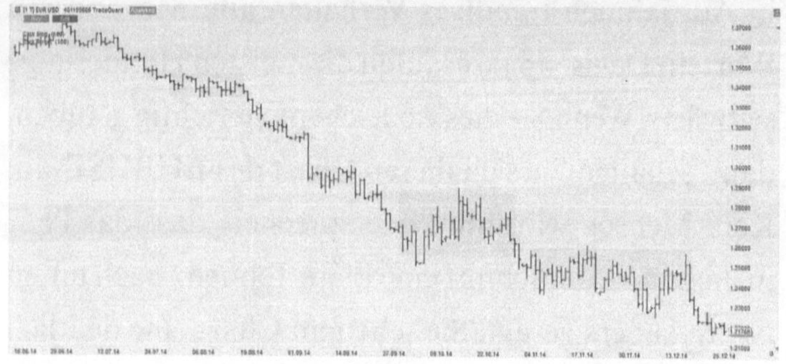

Widerspricht dies nicht dasjenige, was ich gerade über die Devisenmärkte gesagt habe? Keineswegs, denn wenn Sie genauer hinschauen, dann stellen Sie fest, dass obwohl, der Markt „generell" im Abwärtstrendmodus war, lief er trotzdem an den meisten Tagen seitwärts (gelbe Blöcke im Chart). Die Abwärtsbewegung kommt gleichsam in Schüben, meist unerwartet. Die Frage lautet dann natürlich: Haben Sie gerade die richtige Position, wenn der nächste Schub nach unten stattfindet?

Ich denke, die Antwort ist wohl klar. Die meisten Marktakteure haben in dem Augenblick, wenn dies passiert entweder gar keine Position oder gar die Falsche.

Anders gesagt: Es ist sehr schwer, mit trendfolgenden Strategien an den Devisenmärkten erfolgreich zu sein. Entweder brauchen Sie sehr viel Geduld (in manchen Phasen des oben abgebildeten Abwärtstrends ging der

EURUSD Kurs dreißig Tage lang seitwärts!), oder Sie sind ein Investor, für den es nicht auf einen Monat ankommt.

Wenn Sie aber Trader sind und mit Devisenhandel Geld verdienen wollen, werden Sie es schwer haben, erfolgreich zu sein, wenn Sie auf Trends setzen.

Und es gibt mehr. Aufgrund der historisch einzigartigen Situation erleben wir seit Jahren ein Zinsumfeld, wo man fast von der Abschaffung des Zinses ausgehen muss. Dies ist insbesondere im Euroraum der Fall (Stand Mai 2019), in dem der EZB den Zins seit Jahren künstlich auf 0 gesetzt hat. Was glauben Sie was dies für den Devisenhandel bedeutet, der ja bekanntlich durch den Zinssatz des jeweiligen Landes bestimmt wird (oder des Währungsraumes wie im Euroraum)? Dies bedeutet natürlich, dass die Volatilität stark zurückgegangen ist. Schauen Sie sich diese Tabelle der historischen Volatilität im EURUSD an, dann wissen Sie, was ich damit meine.

Bild 2: EUR/USD daily volatility

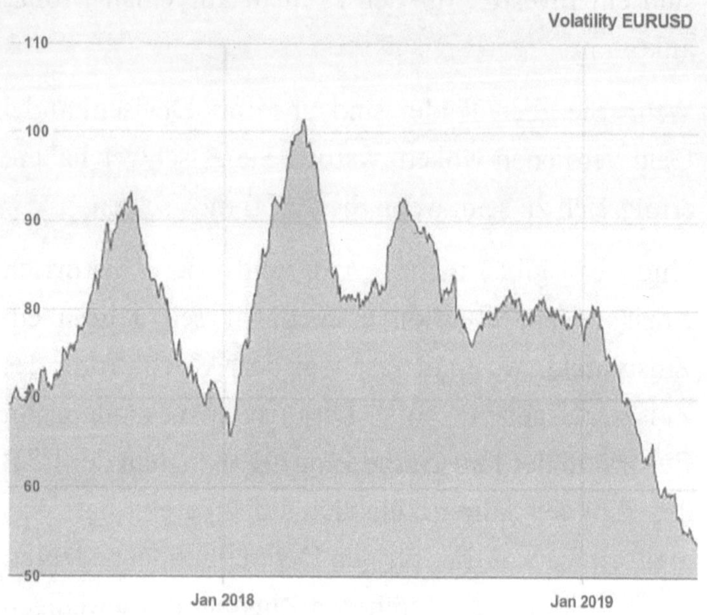

Wenn also Anfang 2018 noch mit gut 100 Pips Tagesschwankung im EUR/USD zu rechnen war, so lag diese ein Jahr später gerade mal bei 52 Pips. Das heißt Sie können als Trader mit einer maximalen Tagesschwankung von 52 Pips rechnen in diesem Währungspaar. Wohl gemerkt: Maximale Schwankung. Wir messen hier also vom Hoch bis zum Tief des Tages, und bekanntlich ist kein Trader der Welt in der Lage, das Hoch und das Tief des Tages zu handeln und daraus Profit zu erzielen. Wenn überhaupt Profit, dann ist dieser natürlich kleiner als 52 Pips.

Das bedeutet, dass sich das größte Devisenpaar der Welt weniger als 0,5 % pro Handelstag bewegt.

Sie sollten sich also die Frage stellen, ob es sich dann überhaupt noch lohnt, einen solchen Markt zu traden, wenn dieser sich kaum vom Fleck bewegt.

Wir fassen noch mal zusammen. Der Devisenmarkt ist aktuell (Stand Mai 2019) geprägt von 3 Besonderheiten:

1. Hohe Liquidität
2. Tagesschwankungen meist unter 1 %
3. Historisch niedrige Volatilität

Wenn Sie von diesen drei Tatsachen ausgehen, dürfte dem Leser klar sein, dass jeder Trader, der mit herkömmlichen Trading-Techniken an diesen Markt herantritt, es schwer haben durfte, erfolgreich zu sein.

Daraus folgt, dass Forex-Trading am besten mit solchen Strategien funktioniert, die die oben genannten Besonderheiten einkalkuliert. Es mag auf diese Regel Ausnahmen geben (die Finanzkrise und die Eurokrise waren solche Ausnahmen). Die oben genannten Eigenschaften gelten aber in 80 % der Zeit. Ein Forex-Trader tut also gut dran, sie ernst zu nehmen und in seinen Überlegungen, welche Strategie (n) er einsetzen möchte, zu berücksichtigen.

Deswegen hatte ich die Idee, einige erprobte Strategien vorzustellen, die genau auf diese Besonderheiten einspielen. Diese Strategien sind einfach zu verstehen und umzusetzen. Sie setzen darauf, dass bestimmte Phänomene und bestimmte Muster im Forex immer wieder auftreten. Und sie versuchen, daraus Profit zu schlagen.

Strategie 1:

Die Strategie der runden Zahl

Wer Charts von Devisenpaaren studiert wird feststellen, dass der Markt oft an der sogenannten „runden Zahl" dreht und zumindest zeitweilig wieder in die andere Richtung zu laufen beginnt. Mit „runde Zahl" meine ich zum Beispiel 1.1200 im EURUSD oder 0.9800 im USDCHF oder 1.3200 im USDCAD.

Natürlich behaupte ich nicht, dass der Markt immer dreht, sobald diese runde Zahl erreicht wird, also sobald zum Beispiel der EURUSD bei 1.1200 angekommen ist oder bei 1.1100. Dennoch ist zu beobachten, dass um diese runde Zahl herum vermehrt Kauf- oder Verkaufsorders warten, die natürlich alle ausgeführt werden müssen, sobald der EURUSD dieses Level erreicht. Und dies hat natürlich Folgen für den Preisverlauf. Die erste Strategie probiert, von dieser Tatsache zu profitieren, indem sie von der „Wahrscheinlichkeit" ausgeht, dass der Markt, zumindest vorübergehend Levels drehen wird.

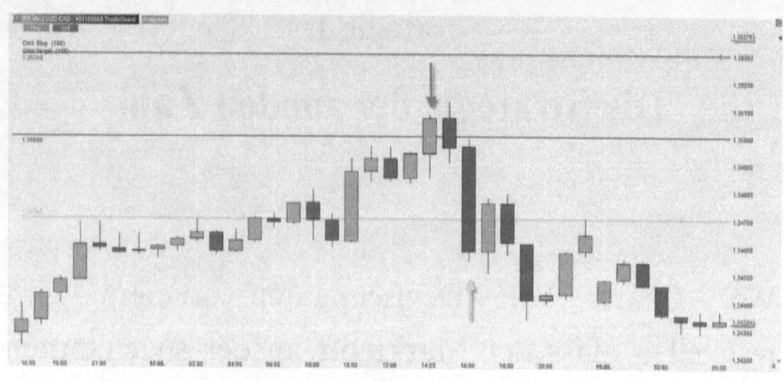

Im Bild 3 sehen Sie ein Beispiel, wie diese einfache Strategie funktioniert. Die mittlere Linie gibt das Level der runden Zahl wieder. Das war zu dem Zeitpunkt des Screenshots 1.3500 im Devisenpaar USDCAD. Der Trader platziert in dem Fall eine Limit-Sell-Order genau auf 1.3500 (roter Pfeil oben) mit einem Stop-Loss von 30 Pips, also auf 1.3530. Die rote Linie ganz oben zeigt das Stop-Loss-Level. Das Kursziel liegt 30 Pips tiefer und wartet auf 1.3470 (grüne Linie unten). Dieses Kursziel wurde in diesem Fall nach zwei Stunden erreicht (grüner Pfeil unten). Wie man sehen kann, geschah dies, ohne dass die Stop-Loss Order auf 1.3530 geholt wurde.

Demnach schafft sich der Trader ein „Spielfeld" von insgesamt 60 Pips. Dreißig Pips Risiko und dreißig Pips Chance. Er arbeitet also mit einem Chance-Risiko-Verhältnis von 1:1. Er riskiert 30 Pips um genau 30 Pips zu gewinnen. Wenn er im 50 % der Fälle richtig liegt, wird er genauso viele Pips gewinnen, wie verlieren. Er muss also eine Trefferquote über 50 % erreichen, um profitabel traden zu können. Um dies zu verdeutlichen, schauen wir uns einige Beispiele an, bei denen der Trader mehrere „runde Zahl" Trades durchführte.

Bild 3: USDCAD, 4-Stunden-Chart

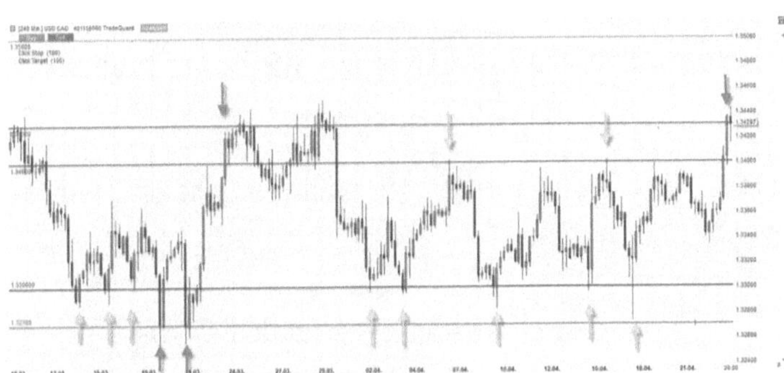

In diesem Beispiel führte der Trader insgesamt 14 Trades durch. Die grünen Pfeile symbolisieren „Gewinn-Trades" die roten „Verlust-Trades." Es wurden 10 Long-Trades durchgeführt und 4 Short-Trades. Das Paar befand sich in dieser Phase in einer Seitwärtsbewegung, die in etwa zwischen 1.3400 und 1.3300 verlief (zwischen den blauen horizontalen Linien). Wie Sie sehen können, drehte das Paar meistens im Bereich der runden Zahl. Zehn von vierzehn Trades konnten mit Gewinn abgeschlossen werden. Dies ergibt folgendes Ergebnis:

| Gewinn-Trades: 10 x 30 Pips =300 Pips | |
Verlust-Trades: 4 x 30 Pips = -120 Pips	
Total:	**180 Pips**

Der Trader konnte in dieser Phase also ein Ergebnis von 180 Pips erwirtschaften. Dies entspricht einer Trefferquote von 71,43 %, was natürlich ausgezeichnet ist. Man sollte aber nicht vergessen, dass er mit einem Chance-Risiko-Verhältnis von 1:1 arbeitet. Er muss also eine Trefferquote erreichen, die höher liegt als 50 % um profitabel traden zu können.

Dass dies nicht immer so leicht ist, sehen wir an folgendem Beispiel.

Bild 4: USD/CHF, 4-Stunden-Chart

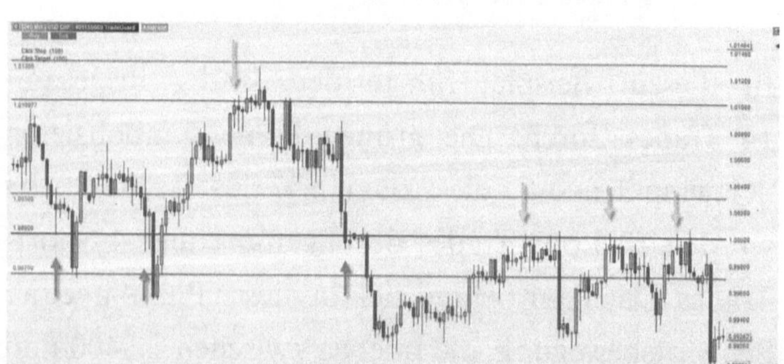

In diesem Beispiel handelte der Trader im Währungspaar USD/CHF (US Dollar Schweizer Franken). Das Paar wurde in der Periode in einem Bereich zwischen 1.1000 und 0.9900 gehandelt. Mit anderen Worten: Das Paar bewegte sich um die

sogenannte Parität (1 zu 1). In dem Fall bekamen Sie
für einen US Dollar genau einen Schweizer Franken.

Das Paar berührte in dieser Periode sieben Mal
die „runde Zahl." Der Trader konnte also 7 Trades
durchführen. Allerdings war er hier nicht so
erfolgreich wie beim USDCAD. Vier Trades konnten
mit plus abgeschlossen werden und drei mit Minus.
Damit erzielte der Trader folgendes Ergebnis:

Gewinn-Trades: 4 x 30 Pips = 120 Pips	
Verlust-Trades: 3 x 30 Pips = - 90 Pips	
Total:	**30 Pips**

Wie Sie sehen musste der Trader schon viel mehr
„arbeiten", um etwas Gewinn zu realisieren, aber es war
Gewinn. Vier Gewinner auf sieben Trades entspricht
eine Trefferquote von 57,14 %. Dieses zweite Beispiel
zeigt eine realistische Einschätzung dieser Strategie.
Dieses Ergebnis mag manchem Anfänger vielleicht
als „enttäuschend" oder „schwach" erscheinen,
aber nach meiner Erfahrung ist dies trotzdem ein
ausgezeichnetes Ergebnis, mit dem ein Trader sehr gut
leben kann.

Nehmen wir an, der Trader würde sich für diese
Strategie entscheiden. Er würde im Monat im Schnitt
20 Trades durchführen und seine Trefferquote würde
sich in etwa bei 60 % einpendeln. Damit würde er
monatlich folgendes Ergebnis erzielen:

Gewinn-Trades: 12 x 30 Pips = 360 Pips	
Verlust-Trades: 8 x 30 Pips = -240 Pips	
Total:	**120 Pips**

In dem Fall würde der Trader monatlich im Schnitt 120 Pips Gewinn realisieren. Dies scheint manchen vielleicht auch eher „enttäuschend", vor allem dann, wenn man von der doch sehr optimistischen Annahme ausgeht, dass man mit Daytrading oder Scalping im Forexmarkt täglich 50 Pips realisieren könnte. Ich kann Ihnen aus eigener Erfahrung sagen, dass dies nur die allerwenigsten Trader können.

Aber ein robustes Ergebnis von monatlich 120 Pips hat, ist für jeden Trader mit dieser Strategie durchaus machbar. Im Übrigen kommt es natürlich auf die Positionsgröße an, was 120 Pips in Dollars bedeuten. Wenn Sie lediglich mit einem Minilot traden (10.000 $), dann werden Sie mit 120 $ Gewinn im Monat natürlich nicht reich. Handeln Sie aber einen Standardlot (100.000 $), dann realisieren Sie immerhin schon 1200 $ monatlich. Das sieht natürlich schon etwas besser aus.

Sind Sie nun aber in der Lage, dieses Ergebnis regelmäßig zu erzielen, dann stehen Ihnen wirklich alle Türen für eine erfolgreiche Trader-Karriere offen. Sie können sich dann mit dem eigenen Trading-Kapital entweder hocharbeiten und vielleicht bald mit zwei oder drei Standardlots handeln. Oder Sie können Ihre Fähigkeiten Investoren aus aller Welt zur Verfügung stellen, die Sie gerne weiter „kapitalisieren." Sie könnten dann bald mit viel höheren Positionen traden. Auf dieser Weise kommen Sie dann schon eher an Verdienstmöglichkeiten, die monatlich 10.000 $ übersteigen. Wie Sie das Anstellen habe ich in meinem Buch: „Wie starte ich ein Trading-Business mit 500 Euro" erklärt.

Die Strategie mit der runden Zahl funktioniert hervorragend bei folgenden Währungspaaren: USDCAD, USDCHF, AUDUSD, NZDUSD, EURJPY, USDJPY, EURGBP, EURCHF

Die bekannteren Paare EURUSD und GBPUSD würde ich mit dieser Strategie eher meiden. Sie werden mit der 30 Pips-Strategie hier eher unterdurchschnittliche Ergebnisse erzielen. Diese beiden Paare werden von so vielen Tradern in der Welt gehandelt, dass die Chancen, hier profitabel zu sein, sehr gering sind.

Die Strategie ist eine reine „Set and Forget-Strategie". Das bedeutet, dass Sie immer mit Bracket-Orders arbeiten sollten. Setzen Sie eine Limit Kauf- oder Verkaufsorder an der runden Zahl, je nachdem, ob Sie Long oder Short gehen wollen. Gleichzeitig aktiviert Ihre Order ein Kursziel von 30 Pips und eine Stop-Loss-Order von 30 Pips. Sobald der Trade im Markt ist, können Sie den Computer ausmachen, denn es ist der Markt, der entscheidet, ob zuerst das Kursziel oder den Stop erreicht wird.

Sie können diese Strategie also durchaus durchführen, wenn Sie noch berufstätig sind. Es reicht, wenn Sie am Morgen Ihre Limits setzen in den Währungspaaren, in denen Sie handeln wollen. Dank der Bracket-Orders brauchen Sie die Trades nicht zu babysitten.

Strategie 2:

Die Stop-Hunting Strategie

Die zweite Strategie ist eine einfache „Momentum-Strategie", die von der Annahme ausgeht, dass die großen Spieler im Devisenmarkt gerne Stops an der runden Zahl „jagen". Obwohl eigentlich jeder weiß, dass man gerade *nicht* seine Stops an der runden Zahl platzieren sollte, stehen nach wie vor viele Stop-Orders genau an dieser Stelle, meist von institutionellen Marktteilnehmern.

Die Idee dieser Strategie besteht nun genau darin, dass man davon ausgehen kann, dass sobald sich der Markt dieser runden Zahl nähert, Momentum-Traders die runde Zahl (und die dort wartenden Stops) „jagen" werden. Die Strategie geht davon aus, dass wenn der Markt nur noch 15 Pips von der runden Zahl entfernt ist, er in aller Regel die runde Zahl holen wird. Das nächste Bild illustriert die Strategie.

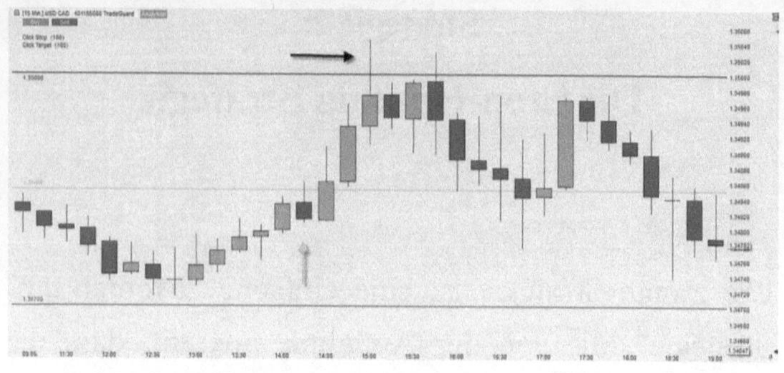

Bild 5: USDCAD, 15-Minuten-Chart

In diesem Beispiel im Währungspaar USDCAD näherte sich der Markt der runden Zahl 1.3500. Sobald dies geschieht platziert der Trader eine Stop-Buy-Order auf 1.3485, also 15 Pips unter der runden Zahl (grüner Pfeil unten). Wie man sehen kann wurde das Kursziel (obere horizontale Linie und Pfeil) nach 4 Kerzen erreicht. Die untere rote horizontale Linie zeigt das Stop-Loss-Level, das 15 Pips unter dem Entry lag, also bei 1.3470.

Der Trader versucht also, den zu erwartenden „Run" auf die runde Zahl mitzunehmen. Die letzten 15 Pips sozusagen. Er ist bereit, dafür 15 Pips Risiko zu nehmen, weil er davon ausgeht, dass die Wahrscheinlichkeit höher ist, dass erst die runde Zahl geholt wird, bevor der Markt zurückfällt.

Auch hier arbeitet der Trader mit einem Chance-Risiko-Verhältnis von 1:1. Er riskiert 15 Pips um 15 Pips zu gewinnen. Diese Strategie ist einfach mit

Bracket-Orders umzusetzen. Sollte der Trader nach dem Entry seinen Platz verlassen, kann er nach einer Stunde zurückkehren, um den realisierten Gewinn von 15 Pips festzustellen.

Bild 6: USDCAD, Stundenchart

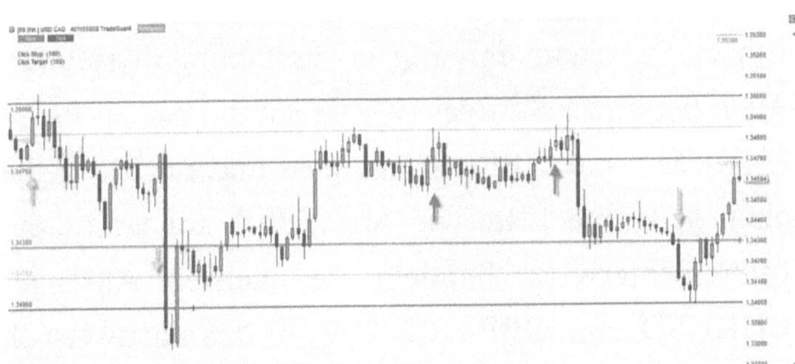

In diesem Beispiel führte der Trader fünf Trades mit dieser Strategie durch, von denen drei Gewinn-Trades (grüne Pfeile) waren und zwei Verlust-Trades rote Pfeile). Insgesamt ging der Trader vier Mal Long kurz vor der Marke 1.3500 und ein Mal Short kurz vor der Marke 1.3400. Das 15 Pips Gewinn-Ziel und der 15 Pips Stop-Loss Abstand bilden gleichsam das „Spielfeld" dieser einfachen Strategie.

Auch hier sollte der Trader auch mit regelmäßig auftretenden Verlust-Trades rechnen. Wie immer im Trading kommt es auf das Verhältnis von Gewinn- und Verlust-Trades an, die natürlich hoffentlich zum Vorteil des Traders entschieden wird. In dem Beispiel auf Bild 6 hatten wir folgendes Ergebnis:

Gewinn Trades: 3 x 15 Pips = 45 Pips	
Verlust-Trades: 2 x 15 Pips = -30 Pips	
Total:	**15 Pips**

Wie Sie sehen scheint das Ergebnis dieser Strategie auf dem ersten Blick bescheiden, aber diese Trefferquote von 60 % scheint mir mit etwas Übung erreichbar. Auch bei dieser Strategie würde ich die beiden Paare **EURUSD** und **GBPUSD** meiden und mich auf die oben genannte Liste von Strategie 1 konzentrieren. Interessanterweise handeln die meisten Anfänger **EURUSD** und **GBPUSD**, obwohl das nachweislich die am schwersten zu handelnden Paaren sind.

Betrachten Sie Forex-Trading
wie ein Wahrscheinlichkeitsspiel

Natürlich sind Varianten dieser beiden Strategien denkbar, und es gibt Trader, die in der Tat die beiden Strategien mit etwas modifizierten Parametern traden. Bevor Sie die Parameter bei den von mir hier vorgestellten Strategien ändern, sollten Sie die Änderungen zunächst eine Zeit lang testen, bevor Sie „live" gehen.

Forexhandel ist ein ganz anderes Spiel als Trading mit Aktien oder Futures. Sie sollten daher mit den richtigen (dem Markt angepassten) Strategien an die Sache herangehen. Wie ich am Anfang erklärt habe, sind dies in meinen Augen am besten „Range-Strategien", die auf eine schnelle Mitnahme von wenigen Pips setzen.

Die beiden vorgestellten Strategien sind gute Beispiele, wie man nach und nach ein Trading-Business aufbauen kann, auf Grund von kalkulierten Wahrscheinlichkeiten. Da sich die angesprochenen Muster im Devisenhandel immer wieder wiederholen kann man mit sehr einfachen Methoden an die Sache herangehen und die Mathematik auf Dauer für sich arbeiten lassen. Bekanntlich brauchen Sie nur etwas mehr Gewinn als Verlust um ein Vermögen im Forex zu machen. Deswegen glaube ich, dass es besser ist, systematisch an die Sache heranzugehen. Die beiden hier vorgestellten Strategien sind ein erster Schritt in dieser Richtung.

TEIL 2:
ZWEI STRATEGIEN MIT DEN WEEKLY PIVOTS

Traden mit weekly Pivots

Analog zu den beiden Strategien mit der runden Zahl (Teil 1 dieser Serie) möchte ich jetzt zwei Strategien mit „weekly Pivots" vorstellen. Wenn Sie noch nicht mit dem Konzept der Pivots vertraut sein sollten erkläre ich kurz was sie bedeuten.

Pivot Points oder einfach „Pivots" wurden ursprünglich von den Parketthändlern auf den Rohstoffmärkten entwickelt, um potenzielle Wendepunkte zu bestimmen. Man unterscheidet zwischen dem Pivot selbst und drei Resist- und drei Support-Levels. Der Pivot ist gleichsam der Dreh- und Angelpunkt des Handelstages. Er ist der Durchschnitt der Höchst-, Tiefst- und Schlusskurse des vorherigen Handelstages. Wird das Forex-Paar über dem Pivot gehandelt deutet dies im Allgemeinen auf eine eher „bullishe" Stimmung hin. Umgekehrt, wird es unter dem Pivot gehandelt, sind Pivot-Traders eher bearish gestimmt und würden daher eher Short-Positionen eingehen.

Wichtig sind dann auch noch die jeweiligen drei Support und Resistance-Levels, die ebenfalls auf Basis des vergangenen Handelstages berechnet werden. Auch diese dienen dem Pivot-Trader als mögliche Entry-Levels für Trades, oder auch als potenzielle Kursziele.

So wie man die Pivot Points auf Tagesbasis berechnen kann, kann man sie natürlich auch auf Wochenbasis und sogar auf Monatsbasis berechnen. Die meisten Trading-Plattforme haben sie bereits automatisch implementiert. Man braucht in der Regel nur wenige Klicks um sie auf einem Chart zu installieren.

**Bild 1: USDJPY, 4-Stundenchart,
weekly Pivots, 30.09 bis 4.10.2019**

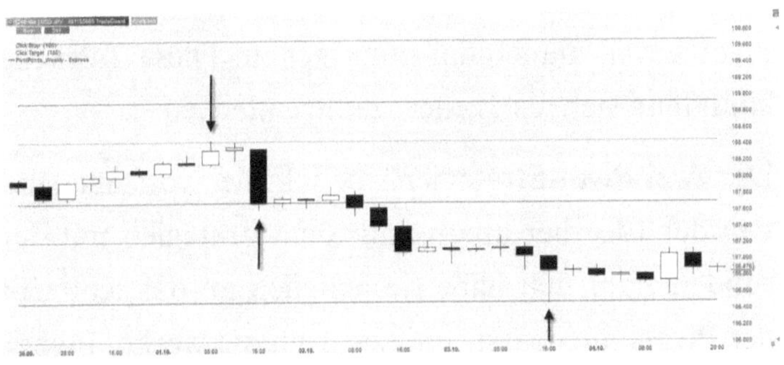

Bild 1 zeigt die „weekly Pivots" für die Woche vom 30. September bis zum 4. Dezember 2019. Die sieben horizontalen Linien wurden von meiner Broker-Plattform automatisch berechnet auf Basis der Schlussdaten der Vorwoche. Die mittlere Linie ist der Pivot selbst. Über ihm befinden sich die drei Widerstandslevels (Resists im Englischen), R1, R2 und R3. Unter ihm die drei Unterstützungslevels S1, S2 und S3 (Support im Englischen).

Wie man sehen kann lief USDJPY zunächst das **R1**-Level an und erreichte es am 1. Oktober gegen Mittag ziemlich genau. Anschließend fiel es am Nachmittag genau auf den Wochenpivot zurück. Am nächsten Tag wurde USDJPY unter dem Pivot gehandelt und erreichte am Nachmittag S1 und unterschritt gleich dieses Level. Am Nachmittag des 3. Oktober erreichte USDJPY auch das S2-Level, wie man sehen kann punktgenau.

Abgesehen von der Berührung mit S1 am 2. Oktober drehte der Markt ziemlich genau an jedem Wochen-Pivot-Level, manchmal punktgenau. Diese Tatsache kann man sich als Trader zunutze machen.

Die zwei Pivot-Strategien, die ich hier vorstelle sind von der Idee her analog mit den Strategien mit der runden Zahl. Ich habe sie lediglich an das Konzept der Pivots angepasst, und zwar an die weekly Pivots, nicht an die Daily Pivots.

Bevor wir uns Strategien auf Wochenpivots anschauen sollten wir zunächst einen wichtigen Aspekt der Pivot-Berechnung betrachten.

Bild 2: USDCAD Wochenpivots vom 30.09 bis 18.10 2019

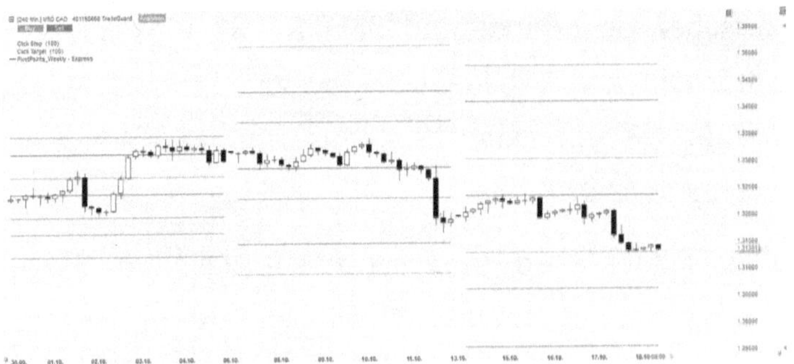

Schauen Sie Bild 2 etwas genauer an. Es zeigt die Pivot-Linien für die drei Wochen vom 30. September bis zum 18. Oktober im Währungspaar USDCAD. Unschwer zu erkennen ist die Tatsache, dass die Pivot Linien in der Woche vom 30.09 bis zum 4.10 nah zusammen liegen (links im Chart). Der Abstand zwischen den einzelnen Linien war in dieser Woche mit Mühe 30 Pips. Es spricht für sich, dass Scalping-Strategien, die auf 15 oder gar 20 Pips Kursgewinn abzielen hier nur schwer durchzuführen sind. Warum dies so ist werden wir bei der genaueren Betrachtung der zwei Strategien sehen.

In der Woche vom 6.10 bis zum 11.10 lagen die Levels schon deutlich weiter auseinander. Dies lag natürlich daran, dass die Volatilität in der Vorwoche plötzlich angestiegen war. Und weil die neuen Pivot-Linien auf Basis der Schlussdaten der Vorwoche berechnet werden, lagen die Pivot-Linien für die zweite Woche demnach weiter auseinander. Hier war der Abstand zwischen dem Pivot und dem R1 87 Pips. Das ist natürlich schon bedeutend besser. In der Woche darauf (Woche vom 13.10 bis zum 18.10) lag sie bereits über 100 Pips.

Der Trader wird also seine Kursziele an diesen Gegebenheiten anpassen müssen, wenn er mit Scalping-Strategien erfolgreich sein will. Es macht zum Beispiel keinen Sinn mit Kurszielen von 20 Pips zu arbeiten, wenn der Abstand zwischen Pivot und R1 lediglich 40 Pips beträgt. Die beiden Strategien werden deutlich machen warum dies so ist. Beträgt der Abstand 87 Pips wie in der zweiten Woche im Bild 2 erscheinen mir Kursziele von 20 Pips durchaus als sinnvoll.

Ein anderer Grund weshalb der Trader die Wochen mit engen Pivot-Linien zum Traden vermeiden sollte liegt in der Tatsache, dass die Pivots von den Marktteilnehmern in solchen Wochen oft kaum beachtet werden. Wenn Sie nochmals die erste Woche auf Bild 2 betrachten, sehen Sie, dass USDCAD am 2. Oktober etwas über dem S1 eine Rally startete, die das Paar innerhalb von wenigen Stunden fast bis zum R3 führte. Auf dem Weg dahin verpulverte das Paar den Pivot, R1 und R2 und erreichte dann fast R3. Das ist gut, wenn der Trader mit Strategien arbeitet, die auf das Erreichen der Pivot-Linien setzt. Es ist natürlich weniger gut, wenn er das Gegenteil macht.

Im ersten Fall scheint dies zunächst günstig, weil das Kursziel schnell erreicht wird. Das Problem ist der Entry-Point, wenn Sie nur eine Range von 30 Pips haben. Wo wollen Sie einsteigen, wenn der Abstand zwischen Pivot und R1 lediglich 35 Pips beträgt, vor allem wenn Sie mit Kurszielen von 15 oder gar 20 Pips arbeiten?

Als generelle Regel würde ich Range-Abstände kleiner als 60 Pips vermeiden. Mit 60 Pips können Sie immerhin mit Kurszielen von 15 Pips arbeiten, denn diese entsprechen dann lediglich ¼ der Range. Das macht in meinen Augen Sinn. Alles was drunter liegt würde ich nicht anfassen.

Die meisten Pivot-Trader im Forex arbeiten mit daily Pivots. Also mit Pivot-levels, die jeden Tag auf Basis der Kursdaten des „vergangenen Tages" berechnet werden, obwohl es so etwas im Forex strenggenommen nicht gibt. Grund genug für mich, es nicht zu tun. Ich bevorzuge die weekly Pivots, nicht zuletzt weil sie nach meinem Gefühl verlässlicher sind als die daily Pivots. Ich meine damit, dass die Levels, die auf Grund der Daten der Vorwoche gebildet wurden von den großen Spielern eher beachtet werden als die Levels des vergangenen Tages.

Somit versuchen die beiden Strategien, kurzfristige Trades auf Basis von mittelfristigen Daten zu handeln. Dies mag für manche Trader eher unorthodox klingen, wir werden aber gleich an den Beispielen sehen, dass ein solcher Ansatz durchaus profitabel sein kann.

Strategie 1:

Trade the Pivot

Diese Strategie ist eine Variante der ersten Strategie mit der runden Zahl, allerdings wenden wir sie hier auf die weekly Pivots an. Wie das Beispiel auf Bild 1 eindeutig gezeigt hat neigen die Marktteilnehmer dazu, die wöchentlichen Pivot-Levels *bei der ersten Berührung* zu respektieren. Und die Bemerkung „bei der ersten Berührung" ist von daher nicht unwichtig. Der Trader sollte nur die erste Berührung traden. Weitere Berührungen mit der gleichen Pivotlinie kann er getrost negieren.

In drei der vier Fälle auf Bild 1 wurde das Pivot-Level fast punktgenau erreicht, woraufhin der Markt in die andere Richtung drehte. Dieser Umstand wollen wir in dieser Strategie ausnutzen, indem wir an den Pivot-Levels Limit-Orders platzieren und auf eine Gegenbewegung von 15 Pips spekulieren. Auch hier benutzen wir wieder Bracket-Orders, bei denen, sobald der Trade ausgeführt wird, ein automatische Stop-Order und eine automatische Take Profit Order im Markt aktiv wird. Es wird also nichts dem Zufall überlassen. Auch hier sind die

Parameter eindeutig und einfach zu verstehen. Wir setzen auf ein Kursziel von 15 Pips mit einem Risiko von ebenso 15 Pips. Somit arbeiten wir auch hier mit einem Chance-Risiko-Verhältnis von 1:1. Dies bedeutet natürlich, dass die Strategie eine höhere Trefferquote als 50 % erzielen muss um profitabel zu sein. Zunächst schauen wir uns ein Beispiel der Strategie an.

Bild 3: USDCAD, 15-Minutenchart, 7. Oktober 2019

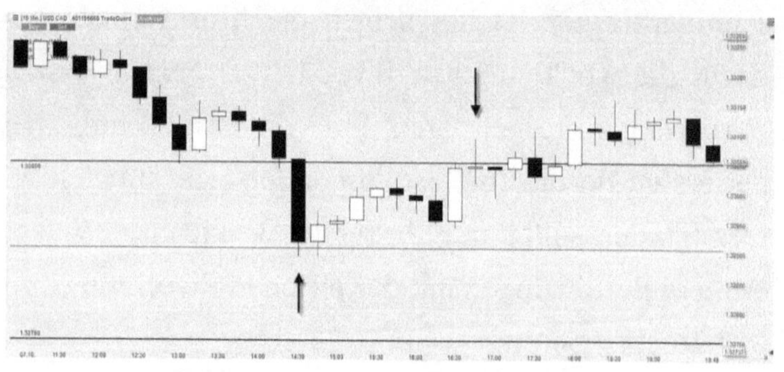

In diesem Beispiel setzte der Trader darauf, dass das Paar USDCAD am Pivot drehen und zumindest eine Gegenbewegung von 15 Pips machen würde. Die mittlere Linie repräsentiert auf dem Bild den Pivot für diese Woche. Es lag bei 1.3290. Hier wartete das Kauflimit. Die obere Linie stellt das Kursziel dar, das 15 Pips höher, also bei 1.3305 wartete. Die untere horizontale Linie war das Stop-Level bei 1.3275. Wie das Beispiel zeigt erreichte USDCAD um 14.30 Uhr (Europäische Zeit) den Pivot und drehte fast punktgenau um (Pfeil links unten). Das Kursziel wurde dann um 16 Uhr 45 erreicht (Pfeil rechts oben). Der Trade war nie in Gefahr.

Wir schauen uns nun zwei Handelswochen im Währungspaar USDJPY an.

Bild 4: USDJPY, Stundenchart 22.09 bis 4.10.2019

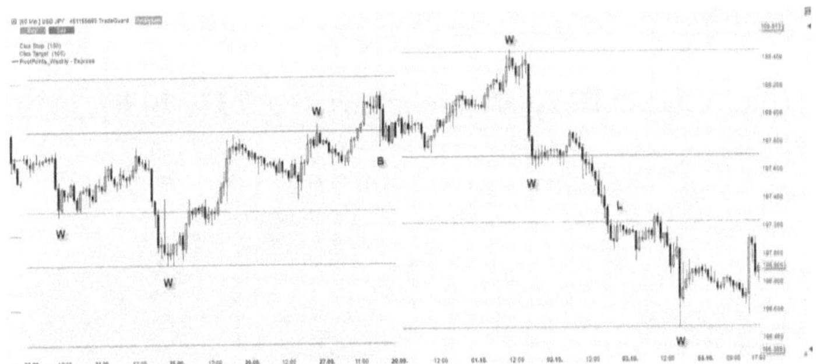

Es waren für den Trader zwei ausgezeichnete Wochen im USDJPY. Insgesamt konnte er 8 Trades durchführen. Vier in jeder Woche. De Gewinn-Trades habe ich im Chart mit dem Buchstaben W (Win) gekennzeichnet. Die Verlust-Trades mit L (Loss). Es gab nur einen Verlust, und zwar am 2. Oktober. Hier griff der Stop. Der letzte Trade der ersten Woche habe ich als B oder Breakeven gekennzeichnet. Dieser Trade kam nicht richtig ins Laufen und konnte daher als Breakeven eingestuft werden, weil er in etwa zum Einstiegspreis wieder geschlossen wurde. Das Ergebnis dieser zwei Wochen Trading im USDJPY sieht so aus:

Gewinn-Trades: 6 x 15 Pips = 90 Pips	
Verlust-Trades: 1 x 15 Pips = -15 Pips	
Breakeven: 1 x 0 Pips =	0 Pips
Total:	**75 Pips**

Das ist natürlich das Ideal-Szenario, aber wie das nächste Beispiel im Bild 5 zeigt, läuft es natürlich nicht immer so glatt ab.

Bild 5: USDJPY, Stundenchart 15.07 bis 26.07.2019

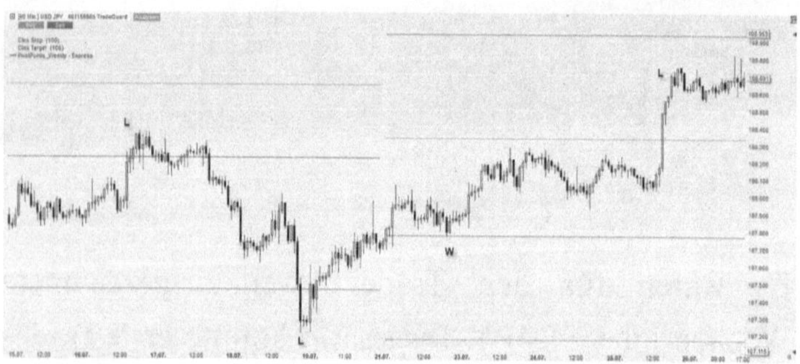

In diesen zwei Wochen gab es lediglich vier Berührungen mit dem Pivot oder den Resistance/Support-Linien. Und nur eine dieser Berührungen führte zum Erfolg. Die drei anderen verursachten einen Verlust. Offenbar waren die Marktteilnehmer in dieser Periode weniger geneigt die Wochenpivots zu respektieren, auch nicht bei der ersten Berührung, die ja oft zu einem Bounce in die andere Richtung führt, was ja die Prämisse dieser Strategie ist.

Die Frage könnte hier auftauchen, ob man erneut traden sollte, wenn man beim ersten Versuch ausgestoppt wurde, und der Markt auf die anvisierte Pivot-Linie einen erneuten Anlauf nimmt. Hier wäre ich vorsichtig. Wenn der Stop beim ersten Versuch geholt wurde ist dies doch meist ein Zeichen, dass „der Markt" sich gerade nicht besonders um die Wochenpivots kümmert. Nach meiner Erfahrung ist es besser, zu warten, bis eine neue Chance bei einer anderen Pivot-Linie auftaucht, sei es nach oben oder nach unten.

Man muss sich bei dieser Art von Strategien klarmachen, <u>dass sich die Geduld auszahlt</u>. Wie man sehen kann auf Bild 5 kann es unter Umständen durchaus mal zwei Wochen lang nicht so gut laufen in einem Währungspaar. Dies bedeutet aber keineswegs, dass die Strategie nichts taugt. Bild 4 hat gezeigt, dass man manchmal genauso hervorragende Ergebnisse erzielen kann. Zählt man die Ergebnisse von Bild 4 und Bild 5 zusammen bekommt man eine realistische Einschätzung der Strategie.

Gewinn-Trades: 7 x 15 Pips = 90 Pips	
Verlust-Trades: 4 x 15 Pips = -60 Pips	
Breakeven: 1 x 0 Pips =	0 Pips
Total:	**30 Pips**

Das Gesamtergebnis von vier Wochen Trading im USDJPY wären also 30 Pips. Insgesamt käme der Trader hiermit auf eine Trefferquote von 58,33 %.

Der Trader erzielte hiermit ein Ergebnis von 2.5 Pip per eingegangenen Trade. Dies mag vielleicht ein nicht besonders spektakuläres Ergebnis sein, aber in meinen Augen durchaus realistisch.

Sollte der Trader als Monatsziel 100 Pips voraussetzen muss er unter diesen Bedingungen mindestens 40 Trades durchführen (2.5 x 40 = 100 Pips). Wenn wir die Anzahl von 12 Trades im **USDJPY** als Durchschnitt betrachten müsste er die Strategie wenigstens in noch sieben anderen Währungspaaren durchführen um das gewünschte Ergebnis zu erzielen.

Allerdings sei hier Vorsicht geboten. Erfahrene Forex-Trader wissen nur zu gut, dass, wenn es in einem bestimmten Währungspaar nicht besonders gut läuft, dies häufig in den anderen Währungspaaren auch der Fall ist. Deswegen ist es nicht zu empfehlen, die gleiche Strategie auf einer so großen Anzahl von „unterschiedlichen" Währungspaaren durchzuführen. Alle Währungspaare sind untereinander stark *korreliert*. Das bedeutet, dass sie oft ähnliche Ergebnisse zeigen. Man sollte auch nicht vergessen, dass der Dollar immer mit im Spiel ist, entweder direkt oder indirekt. Selbst wenn das Währungsverhältnis den Begriff „Dollar" nicht in seinem Namen trägt, wie das zum Beispiel beim **GBPJPY** oder **EURCHF** der Fall ist, dann noch spielt die Stärke oder Schwäche des Dollars immer mit.

Anders gesagt, je mehr sie Währungspaare mit einer Strategie gleichzeitig handeln, desto größer wird das sogenannte *Klumpen-Risiko*. Dieses Risiko taucht dann auf, wenn Sie einseitig in zu vielen Instrumenten derselben Anlageklasse investiert sind.

Es ist von daher ratsamer, das Risiko zu streuen, indem man nicht mehr Währungspaare bei einer Strategie hinzunimmt, sondern indem man unterschiedliche Strategien mit unterschiedlichen Kurszielen handelt. Ich möchte in einem späteren Teil dieser Buchserie tiefer darauf eingehen.

Strategie 2:
The last 20 Pips-Strategie

Genauso wie die Stop-Hunting Strategie mit der runden Zahl geht „The last 20 Pips-Strategie" von der Annahme aus, dass, wenn sich der Markt einem der weekly Pivots nähert, diese in aller Regel erreicht wird. Das bedeutet, dass Momentum-Trader das Paar in Richtung des weekly Pivots treiben werden sobald er nur noch wenige Pips von ihm entfernt ist. In dem Sinne ist „The last 20 Pips-Strategie" eine Momentum-Strategie, weil sie auf das finale Momentum setzt, dass entsteht, sobald der Kurs in die Nähe des Pivot-Levels auftaucht.

Der Grund weshalb dies geschieht ist im Grunde die gleiche wie bei der Strategie mit der runden Zahl. Die Pivotlinien, und insbesondere die wöchentliche Pivotlinien, üben gleichsam eine „magnetische Kraft" auf die Kurse aus, je mehr sie sie nähern. Außerdem gehen die Marktteilnehmer davon aus, dass der Markt drehen wird sobald dieses Level erreicht wird.

Dies geschieht umso eher wenn sich der Markt in einer Seitwärtsphase befindet. Die Pivot-Levels werden dann durch viele Trader als Kursziele für bereits eingegangene Trades betrachtet. Natürlich kann man sie auch als Entry-Levels benutzen. Dann benutzt man sie als „Countertrend Trades", wie die „Trade the Pivot-Strategie" hier oben beschreibt.

Bei „the last 20 Pips-Strategie" versuchen wir eben die letzten 20 Pips mitzunehmen bis der Markt das Pivot Level erreicht hat. Hier wartet unser Kursziel in Form einer *Take Profit Order*. In der Regel benutze ich ein 20 Pips Gewinnziel. Natürlich kann ich das variieren wenn das Währungspaar dies verlangt (zum Beispiel in weniger schwankungsfreudigen Zeiten oder wenn das Paar selbst nur wenig schwankt). Dann arbeite ich lieber mit einem Kursziel von 15 Pips.

Ich vermeide allerdings Währungspaare, deren tägliche Schwankung gering ist wie es aktuell (September 2019) zum Beispiel beim AUDUSD oder NZDUSD der Fall ist. Hier müsste man das Kursziel dermaßen herunterschrauben, sodass die Strategie kaum noch profitabel sein kannt. Es ist nicht unmöglich, diese Paare zu traden, wenn man ausgezeichnete Brokerkonditionen hat. Es gibt aber genügend andere handelbare Währungspaare. Warum sollte man es sich also schwer machen?

Auch bei dieser Strategie arbeite ich mit einem Chance-Risiko-Verhältnis (CRV) von 1:1. Der Grund ist einfach. Ich gehe von der Annahme aus, dass, wenn sich der Markt bis auf 20 Pips des Pivot-Levels nähert, wird er eher von diesem angezogen, als dass er nochmal einen Umweg über die andere Richtung macht.

Wir wissen also auch hier, dass wir eine höhere Trefferquote als 50% benötigen um profitabel traden zu können. Mir ist durchaus bewusst, dass ein solches Ziel nicht immer leicht zu erreichen ist. Meiner Erfahrung ist aber, dass es erreicht werden kann, wenn der Trader die Strategie diszipliniert umsetzt. Damit dies gelingt muss eine Strategie logisch und möglichst einfach sein.

Bild 6: USD/JPY, 15-Minuten-Chart, 12.09.2019

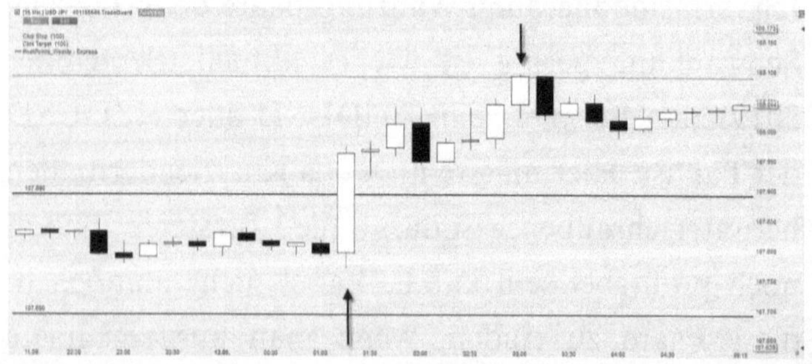

Das Beispiel im 15-Minuten-Chart des USD/JPY (Bild 6) illustriert die Strategie. Die obere horizontale Linie stellte das R2-Level (Resist 2) dar. Es lag in dieser Woche bei 108.09 und war somit das Kursziel für diesen Trade. Die mittlere Linie lag 20 Pips unter dem R2 und symbolisiert das Einstiegslevel bei 107,89. Dieser Einstieg wurde aktiviert, sobald der Kurs des USD/JPY dieses Level erreichte (Pfeil links unten). Schließlich lag das Stop-Loss-Level ebenfalls 20 Pips tiefer bei 107.69 (horizontale Linie unten). Wie man auf dem Chart sehen kann wurde das Kursziel bei diesem Trade schnell erreicht (Pfeil rechts oben), während das Stop-level nicht berührt wurde.

Dass dies nicht immer der Fall ist zeigt das untenstehende Beispiel im Stundenchart des USDCAD.

Bild 7: USDCAD, Stundenchart, 15.09 bis 22.09.2019

In der Woche vom 15. Bis zum 22. September 2019 pendelte der USDCAD zwischen dem Pivot-Level (horizontale Linie unten) und dem R1 (horizontale Linie oben). Dies ist meist die Regel. Forexmärkte werden nur in seltenen Fällen die weekly Pivots R3 oder S3 erreichen. Es geschieht meist dann, wenn das Paar ein trendiges Verhalten aufweist. Da wir wissen, dass Forexmärkte meist seitwärts tendieren, wird sich das Trading oft um den Wochen-Pivot herum abspielen. Kursziele sind dann eben meist R1 oder S1 oder den Pivot selbst wie im Bild 7.

Immerhin konnte der Trader im EUR/JPY in dieser Woche 6 Trades durchführen, aber nur einer von ihnen war profitabel waren und 5 führten zu einem Verlust. Das ergibt dann folgendes Ergebnis:

Gewinn-Trades: 1 x 20 Pips = 20 Pips	
Verlust-Trades: 5 x 20 Pips = -100 Pips	
Total:	**-80 Pips**

Der Trader musste in diesem Währungspaar einen Verlust von -80 Pips einstecken. Das ist natürlich ein unbefriedigendes Ergebnis, aber es ist völlig normal. Jeder Trader hat solche Wochen. Und es soll zugleich eine Warnung sein an die Adresse derjenige Trader, die glauben, dass das Geld hier leicht verdient werden kann. Nichts ist weniger wahr. Forex Trading ist wie jede andere Form von Trading harte Arbeit. Nur wer diszipliniert seine Strategie(n) durchführt hat eine Chance, zu bestehen. Wenn Sie mit solchen „Pechwochen" konfrontiert werden, so können Sie aber genauso Wochen erleben, wo es wie am Schnürchen läuft wie das untenstehendes Beispiel im Bild 8 illustriert.

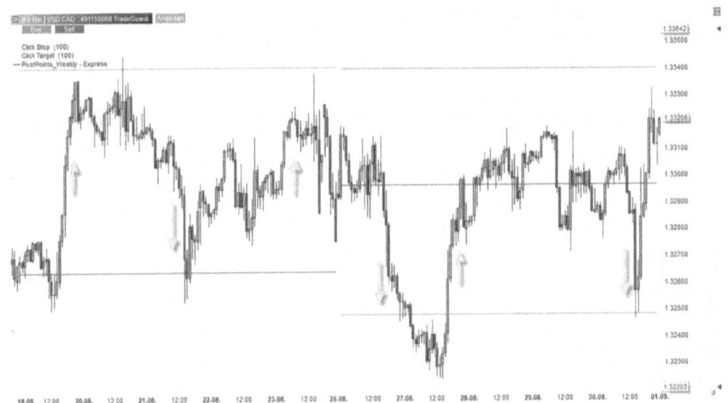

Hier konnte der Trader in den zwei Wochen vom 18. August 2019 bis 1. September 2019 sechs Trades durchführen, die alle sechs in den Gewinn liefen Pfeile im Chart). Man wünschte sich, es würde immer so laufen natürlich.

Bezüglich der 20 Pips Gewinnziels sollte der Trader auch hier flexibel bleiben. Wenn der Abstand zwischen dem Pivot und dem R1 lediglich 60 Pips beträgt oder gar weniger macht es keinen Sinn mit einem Kursziel von 20 Pips zu arbeiten. Hier sollten 15 Pips reichen. Wird der Abstand zwischen den beiden Bereichen noch geringer sollte man die Strategie nicht mehr traden.

Zählen wir die Ergebnisse von Bild 7 und Bild 8 zusammen, bekommen wir erneut ein realistisches Bild von dem, was Forex Trading wirklich bedeutet.

Gewinn-Trades: 7 x 20 Pips = 140 Pips	
Verlust-Trades: 5 x 20 Pips = -100 Pips	
Total:	**40 Pips**

Sind 40 Pips Gewinn ein gutes Ergebnis für 3 Wochen Trading? Antwort: Yes Sir. Das ist gut.

Sollte man die Parameter ändern wenn es nicht so gut läuft?

Als letzte Bemerkung möchte ich kurz auf die Frage eingehen, ob es Sinn macht an den Parametern der beiden vorgestellten Strategien zu drehen, um ein besseres Ergebnis zu bekommen. So könnte der Trader auf die Idee kommen, mit einem Kursziel von 20 Pips und einem Stop-Loss von lediglich 15 zu arbeiten. Auf dieser Weise würde er das Gesamtergebnis seiner Gewinner erhöhen. Das stimmt natürlich. Gleichzeitig würde er aber durch diese Maßnahme vermutlich seine Trefferquote verringern. Statt zum Beispiel einer Trefferquote von 58 % könnte er dann plötzlich nur noch 54 % oder noch weniger erzielen. Es würde am Endergebnis vermutlich nicht viel ändern.

Es sind natürlich Überlegungen, die man haben kann, und Hand aufs Herz, jeder Trader hat sie, wenn es mal eine Weile nicht so gut läuft. Ob das Drehen an der Parameterschraube immer die beste Lösung ist sei mal dahingestellt. Leider verzerrt man dadurch seine Statistiken, deren fortlaufende Analyse doch so wichtig sind um ein profitables Trading-Business aufzubauen (und auch potenzielle Investoren zu überzeugen).

Besser ist es in meinen Augen, Drawdowns, die sich über einige Wochen hinziehen, zu negieren und das System eisern weiter zu traden. Sollte sich nach längerer Zeit herausstellen, dass sich die Profitabilität nicht wieder einstellt, sollte man sich natürlich ernsthaft überlegen, die Strategie vom Markt zu nehmen.

Vorschnelles Ändern der Parameter bei vorübergehend schlechteren Ergebnissen ist in der Regel auch das Merkmal des Amateurs. Oft sind es die Trader, die nur eine einzige Strategie handeln, bei denen ein solches Verhalten beobachtet werden kann. Wenn Sie das tun sind sie natürlich viel abhängiger von den Ergebnissen dieser einen Strategie.

Profis hingehen (Hedgefonds und andere institutionellen Investoren) setzen in der Regel auf eine Mehrzahl von Strategien und vergleichen diese miteinander. Performt eine von ihnen etwas weniger (und es gibt wohl immer eine oder mehrere, die gerade nicht so gut performen), dann vergleichen Sie die Ergebnisse mit historischen Daten oder mit den Ergebnissen der gut laufenden Strategien. Profis werden deswegen noch lange nicht nervös, weil sie in einem bestimmten Währungspaar mal zwei oder drei Wochen lang ein negatives Ergebnis erzielt haben.

TEIL 3:
TRADEN MIT DEM
WEEKLY HIGH UND LOW

Einführung in das Traden mit dem weekly High und Low

Genauso wie die Pivot Points und die runde Zahl, stellen die Hochs und Tiefs der vergangenen Tage oder Wochen signifikante Levels im Chart dar, die von vielen Marktteilnehmern beachtet werden. Für Daytrader sind das Hoch und das Tief des vorigen Tages natürlich von besonderer Bedeutung. Gibt doch das Überschreiten oder Unterschreiten dieser Levels dem Trader ein Signal, dass die Range des vergangenen Tages verlassen wird.

Noch bedeutender sind diese Levels wenn wir die *Wochenebene* betrachten. Denn das Hoch der vergangene Woche bedeutet doch nichts anderes, als dass dies der höchste Preis war, die Trader bereit waren für ein bestimmtes Währungspaar zu bezahlen. Das Gleiche gilt natürlich für das Tief der Vorwoche. Dies stellte den tiefsten Preis dar, den Trader noch für das Paar zahlen wollten. An keinem anderen Tag der Vorwoche wurde dann noch ein höherer oder tieferer Preis bezahlt.

Nähert sich der Kurs in der darauffolgenden Woche erneut einem solchen Kurslevel, zieht er automatisch die Aufmerksamkeit der Marktteilnehmer auf sich. Denn wenn dies geschieht, stellt sich die Frage, ob der Markt an diesem Level erneut drehen wird (wie in der Woche zuvor) oder nicht? Oder ob der Markt diesmal dieses Kurslevel überwinden wird? Und ob dieses Ereignis möglicherweise die Range der vergangenen Woche beenden wird?

Ein solches Ereignis ist nicht unbedeutend. Es kann den Anfang eines neuen Trends bedeuten oder die Fortsetzung eines bereits bestehenden. Kein Wunder also, wenn diese Kurslevels die Aufmerksamkeit der Marktteilnehmer auf sich zieht. Und was Aufmerksamkeit auf sich zieht, erzeugt automatisch das Interesse derjenigen Trader, die gerne auf Züge aufspringen, die mit voller Kraft in eine bestimmte Richtung rasen. Es sind die sogenannten Momentum-Trader, die von der Anziehungskraft solcher Levels profitieren möchten.

Deswegen macht es durchaus Sinn – analog zu den Strategien mit der runden Zahl und den Pivots – Taktiken zu entwickeln, die sich diesem Umstand zunutze machen.

Wenn der Markt nur kurz unter dem Vorwochenhoch steht, stellt sich also auch hier die Frage, ob er eher von diesem angezogen wird oder nicht. Und zweitens stellt sich die Frage, ob der Markt beim Erreichen dieses

Levels gleich weiter ziehen, oder ob er ihn zunächst erst einige Pips zurückstoßen wird. Die beiden hier vorgestellten Strategien beschäftigen sich genau mit diesem Thema.

Hier, wie überall sonst beim Forex-Trading, steht die Frage im Mittelpunkt: ist auf längere Sicht die Wahrscheinlichkeit höher, dass dieses oder jenes Szenario eintreten wird?

Wenn die Wahrscheinlichkeit nur ein wenig höher ist als deren Gegenteil, wissen wir, dass wir uns einen kleinen Vorteil gegenüber „dem Markt" erarbeitet haben.

Wäre dies nicht möglich, und die Anhänger der Markteffizienztheorie hätten Recht, wäre natürlich jede Überlegung, sich mit Forexhandel zu beschäftigen von vornherein sinnlos.

Beim Forexhandel handelt es sich um nichts weiter, als das Erarbeiten eines kleinen Vorteils. Für Forex-Trader ist es daher wichtig, dass dieses oder jenes Szenario mit einer höheren Wahrscheinlichkeit eintreten wird als dessen Gegenteil. Für Außenstehende mag dies unbedeutend erscheinen. Ein Trader weiß aber, dass dieser kleine Unterschied die Grundlage eines profitablen Trading-Geschäfts bedeuten kann.

Chase the Weekly High and Low

Die erste Strategie beschäftigt sich mit der Anziehung, die ein Vorwochenhoch oder Vorwochentief auf die Kurse ausübt. Wir gehen von der Beobachtung aus, dass sobald sich die Kurse nur noch wenige Pips von diesen Levels entfernt sind, automatisch von diesen angezogen werden wie z. B. Metallgegenstände von starken Magneten. Die Chase the weekly High and Low-Strategie setzt darauf, dass die Wahrscheinlichkeit höher ist, dass die Kurse eher in Richtung dieses Levels laufen werden, als dass das Gegenteil geschehen wird. Bild 1 illustriert das Prinzip der Strategie.

Bild 1: USDJPY, 15-Minuten-Chart, 15.10.2019

In diesem Beispiel im USDJPY lag das Hoch der Vorwoche bei 108.61 (obere horizontale Linie).

Nachdem der Markt am 15. Oktober zunächst seitwärts gelaufen war, näherte er sich kurz nach dem Anfang des amerikanischen Handels gegen 15:30 Uhr europäischer Zeit diesem Level. Dadurch wurde die Stop-Buy-Order zu einem Preis von 108.46 ausgeführt (mittlere horizontale Linie und Pfeil im Chart). Etwas später erreichte der Kurs dann auch das Vorwochenhoch. Die Position wurde dank einer Take-Profit-Order mit 15 Pips Gewinn geschlossen.

Die untere horizontale Linie bei 108.31 stellt das Level dar, an dem die Stop-Loss-Order wartete. Wie man klar sehen kann, war der Trade nie in Gefahr. Da der Trader mit einer Bracket-Order arbeitete wurde die Stop-Loss-Order beim Erreichen des Kurszieles automatisch geschlossen.

Wie bei den ersten vier Strategien dieser Serie arbeiten wir auch hier mit einem Chance-Risiko-Verhältnis von 1:1. Wir riskieren in diesem Fall 15 Pips um 15 Pips zu gewinnen, weil wir davon ausgehen, dass in der Mehrheit der Fälle der Preis eher das Kursziel erreichen wird als die Stop-Loss-Order.

Nun bedeutet „Wahrscheinlichkeit" natürlich auch, dass dies in vielen Fällen nicht geschehen wird. Der Trader wird also auch bei dieser Strategie – wie bei jeder Strategie – Verlust-Trades mit einkalkulieren müssen.

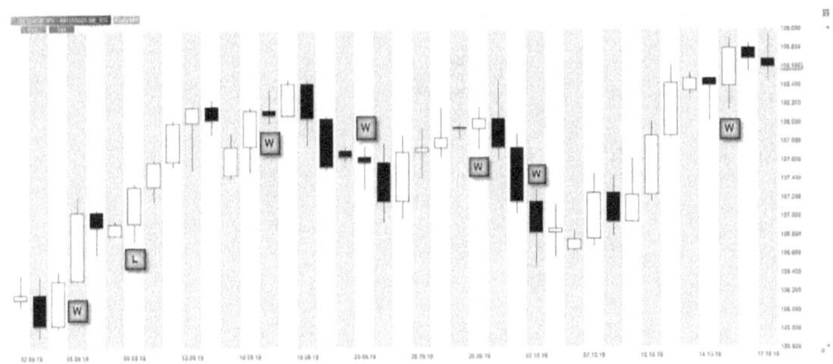

Der Tageschart des Währungspaares USDJPY veranschaulicht die Anzahl der Trades, die man bei dieser Strategie realistischerweise erhalten wird. Insgesamt erreichte das Paar 7 Mal das jeweilige Vorwochen-Tief oder Hoch. In sechs der sieben Fälle erreichte der Trade das Kursziel. Nur einmal, am 9. September gab es einen Verlust. Für diese Periode ergibt dies folgendes Ergebnis:

Gewinn-Trades: 6 x 15 Pips = 90 Pips	
Verlust-Trades: 1 x 15 Pips = -15 Pips	
Total:	**75 Pips**

Dies ist natürlich ein ausgezeichnetes Ergebnis, das aber bei dieser Strategie nicht immer vorausgesetzt werden sollte.

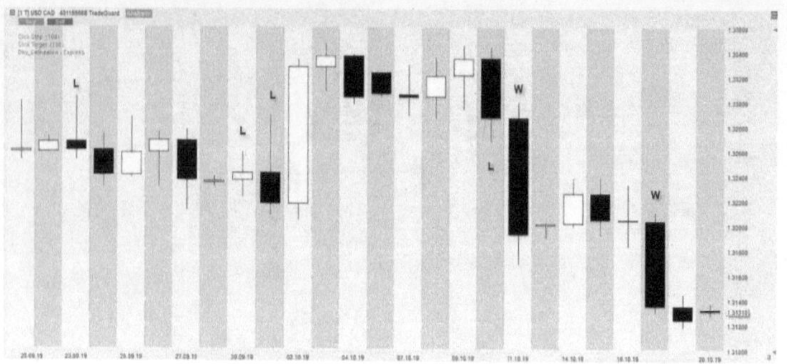

Bild 3 veranschaulicht dagegen klar, was Trading bedeuten kann. Der Trader führte in dieser Periode im USDCAD 6 Trades durch, von denen 4 Verlierer waren. Das ergibt dann folgendes Ergebnis:

Gewinn-Trades: 2 x 15 Pips = 30 Pips	
Verlust-Trades: 4 x 15 Pips = -60 Pips	
Total:	**-30 Pips**

Wenn wir die Ergebnisse der Beiden Trading-Perioden zusammenzählen (Bild 2 und 3) bekommen wir schließlich folgendes Ergebnis:

Gewinn-Trades: 8 x 15 Pips = 120 Pips	
Verlust-Trades: 5 x 15 Pips = -75 Pips	
Total:	**45 Pips**

Nun könnte ein Anfänger von einem solchen „Ergebnis" nach anderthalb Monaten Forex-Trading enttäuscht sein. Aber wie bereits gesagt, führe ich das auf überzogene Erwartungen zurück, die in vielen Forex-Foren herumspuken. Forex-Trading ist ein Business wie jedes andere Business auch und muss demnach auch so behandelt und gesehen werden. Bekanntlich muss man „Verluste" im Trading als nichts anderes als „Kosten" betrachten. Diese hat der Trader, damit er am Marktgeschehen teilnehmen kann. Er muss mit seinen Verlusten gleichsam dafür „bezahlen", um überhaupt teilnehmen zu können.

Wenn ich mit diesem Buch eines erreichen will, ist es, dass der Leser <u>eine realistische Einschätzung bekommt, was Forex-Trading bedeutet</u> aber auch was es leisten kann. In meinen Augen reichen diese 45 Pips durchaus aus, um ein erfolgreiches Trading-Business aufzubauen.

Nun könnte der Leser einwenden, dass diese Strategie zu wenig Signale liefert. Das Letzte stimmt zwar und ist eine Folge der Tatsache, dass die Strategie mit den Vorwochen-Hochs und Vorwochen-Tiefs arbeitet. Diese werden längst nicht immer erreicht. Zudem kommen auch Wochen vor, in denen sogar weder das Hoch noch das Tief der vergangenen Woche erreicht wird (sogenannte Inside-Wochen). Gerade deshalb sollte der Trader die Strategie nicht nur auf ein Währungspaar anwenden, sondern auf mehrere. Und er sollte sie mit den anderen Strategien kombinieren.

Strategie 2:

Weekly High and Low Stretch

Schließlich schauen wir uns die zweite Strategie an, die mit den Vorwochen-Hochs und Tiefs arbeitet. Meine Untersuchungen und Tests haben gezeigt, dass die Forexmärkte beim Erreichen dieser Levels gerne „eine kleine Übertreibung" inszenieren. Was meine ich damit? Im Gegensatz zu den Strategien mit der runden Zahl und den Pivots habe ich beobachtet, dass der Markt bei solchen Levels gern mal über das Ziel hinausschießt. Der Grund ist einfach: viele institutionelle Trader haben Kauforders (oder Verkauforders bei Lows) an diesen Stellen platziert. Erreicht der Markt nun ein solches Level, werden diese Orders aktiv. Dies verursacht einen gewissen Kaufdruck beim Erreichen des Vorwochenhochs. Umgekehrt kann dies jedoch auch passieren. Erreicht der Markt das Vorwochen-Tief, entsteht durch die zusätzlichen Verkaufsorders ein Abgabedruck. Von diesem Effekt kann ein Scalper natürlich profitieren. Und darum geht es bei der zweiten Strategie.

Bei der Weekly High and Low Stretch-Strategie steigt der Trader erst dann in den Markt ein, sobald das Vorwochen-Level (Hoch oder Tief) erreicht wird. Er geht davon aus, dass die Wahrscheinlichkeit höher ist, dass der Markt zumindest kurzfristig etwas übertreiben wird, bevor er eventuell dreht. Diesen Effekt wollen wir nutzen um auf 15 Pips zu setzen. Wir setzen also *bei der ersten Berührung* auf eine kurzfristige Übertreibung von 15 Pips. Und auch hier werden wir unsere Position mit einem Stop-Loss von 15 Pips schützen. Also arbeiten wir auch hier mit einem Chance-Risiko-Verhältnis von 1:1. Dies bedeutet dann wieder, dass unsere Trefferquote über 50 % liegen muss, damit wir profitabel traden können.

Die Prämisse dieser Strategie liegt also – im Gegensatz zu den Strategien mit der runden Zahl und den Pivots – in der Beobachtung, dass die Kurse, sobald sie die Vorwochen-Hochs oder Tiefs erreichen, zunächst noch etwas weiter laufen bevor sie drehen. Gelingt die Berührung nicht beim ersten Mal und unternimmt der Markt einen zweiten Versuch, dieses Level zu überwinden, ist die Wahrscheinlichkeit, dass der Trade aufgehen wird, nicht mehr so hoch. Deshalb betone ich die Wichtigkeit der ersten Berührung.

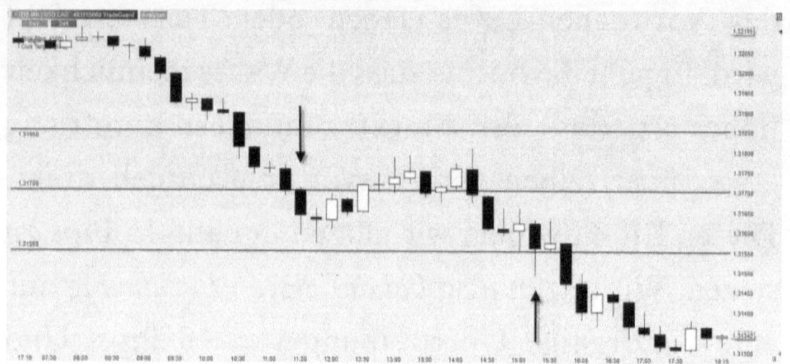

Bild 4 veranschaulicht die Strategie im 15-Minuten-Chart des USDCAD. Die mittlere horizontale Linie repräsentierte das Vorwochen-Tief bei 1.3170. Am 17. Oktober notierte USDCAD über dem Vorwochen-Tief. Das Paar fiel dann aber im Laufe des europäischen Vormittags und erreichte um 11:15 Uhr das Vorwochen-Tief. In dem Augenblick wurde die wartende Short-Sell-Order aktiv (Pfeil links oben). Gleichzeitig wurden die Stop-Loss Order (obere horizontale Linie) und die Take-Profit-Order (untere horizontale Linie) aktiviert. Um 15:15 Uhr wurde das Kursziel von 15 Pips erreicht (Pfeil rechts unten).

Wie man sehen kann, brauchte USDJPY etwas Zeit und stieg auch wieder ein wenig, nachdem er das Vorwochen-Tief erreicht hatte. Die Stop-Loss-Order wurde aber nicht erreicht. Der Trade kam demnach nie in die Probleme und erreichte das Kursziel bei 1.3155.

Wie bereits erwähnt liegt es in der Natur dieser Strategie, dass der Trader nur hin und wieder Signale bekommen wird. Der Markt erreicht ja nicht in jeder Woche das vorherige Hoch oder Tief. Wenn weder das Tief noch das Hoch erreicht wird, sprechen wir von „Inside-Wochen." In dem Fall passiert bei unserer Strategie nichts, und der Trader muss am Freitagabend die Bracket-Orders, die er am Vorwochen-Hoch und Tief platziert hatte aus dem Markt nehmen.

Selbstverständlich habe ich das „Gegenteil" dieser Strategie ausprobiert, nämlich wenn man die Gegenposition einnimmt, sobald das Vorwochen-Hoch oder Tief erreicht wird. In dem Fall würde man bei dem Vorwochen-Hoch Short gehen und bei dem Vorwochen-Tief Long. Die Ergebnisse waren bei sämtlichen Währungspaaren enttäuschend. In keinen der Währungen konnte über Monate hinweg auch nur ein einzelnes positives Ergebnis erreicht werden. Dagegen war die „Weekly High Low-Stretch-Strategie" sehr wohl erfolgreich und konnte mit mehr Gewinnen als Verlusten aufwarten. Das bedeutet aber keineswegs, dass dies immer der Fall sein wird. Es kann durchaus eine Situation eintreten, in dem das erste Szenario erfolgreicher ist als die hier vorgestellte „Stretch-Strategie."

Man kann nicht genug betonen, dass ein Trader immer mit offenem Geist die Märkte betrachten sollte. Selbst wenn er bestimmte Strategien über längere Zeit erfolgreich durchgeführt hat, kann durchaus ein Tag kommen, in dem dies auf einmal nicht mehr der Fall ist. In dem Augenblick kann es durchaus sinnvoll sein, mal das Gegenteil zu versuchen, von dem was man immer gemacht hat. Die Ergebnisse, die ich hier im USDJPY und USDCAD präsentiere, sollten deswegen als Momentaufnahme betrachtet werden. Sie garantieren keineswegs, dass sie in Zukunft genauso gut ausfallen werden.

Bild 5: USDJPY, Tageschart, 15.06 bis 29.10.2019

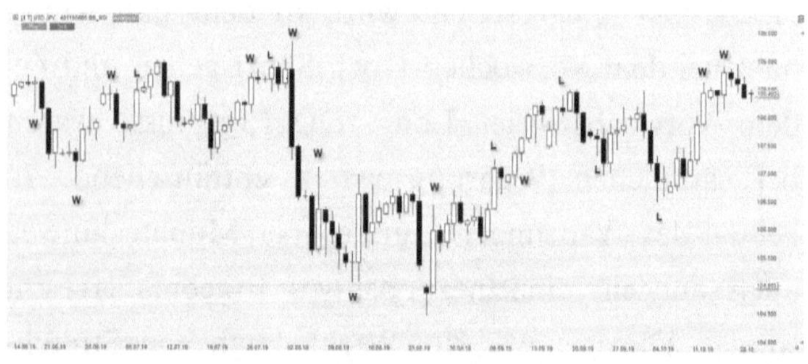

In einem Zeitraum von etwa 4 Monaten erhielt der Trader im Währungspaar USDJPY 17 Signale. Elf von ihnen waren Gewinn-Trades und nur sechs Verlust-Trades. Das ist natürlich ein ausgezeichnetes Ergebnis, das nicht immer vorausgesetzt werden soll. Wie man sieht bekommt man bei dieser Strategie im Schnitt ein Signal pro Woche. Das ist nicht viel, und gerade deswegen sollte man sie auch mit anderen Strategien kombinieren, zum Beispiel mit der Chase the Weekly High Low-Strategie.

Bild 6: USDCAD, Tageschart, 23.06 bis 29.10.2019

Zuletzt schauen wir uns die Ergebnisse der Strategie im Währungspaar USDCAD an. Ich habe bewusst die gleiche Periode wie beim USDJPY gewählt. Und auch im USDCAD waren die Ergebnisse ausgezeichnet. Hier erhielt ich 16 Signale, von denen elf Gewinn-Trades (W) und nur fünf Verlust-Trades (L) waren.

Zählt man die Ergebnisse in beiden Währungspaaren zusammen bekommt man folgende Ergebnisse:

Gewinn-Trades: 22 x 15 Pips = 330 Pips	
Verlust-Trades: 11 x 15 Pips = -165 Pips	
Total:	**165 Pips**

Ein Gesamtergebnis von 165 Pips ist natürlich sehr gut. Auch, wenn dieser Gewinn über eine Zeitspanne von 4 Monaten erzielt wurde.

Man könnte nun auf die Idee kommen, dass ein Klumpen-Risiko entstehen könnte, wenn man die gleiche Strategie auf eine Anzahl von stark korrelierten Währungspaaren handeln würde. Ich bin mir dessen durchaus bewusst. Allerdings konnte ich dieses Klumpen-Risiko bislang nicht feststellen. Die Weekly Hochs und Tiefs wurden in verschiedenen Währungspaaren durchaus an unterschiedlichen Tagen erreicht, sodass die Signale längst nicht am selben Tag in allen gehandelten Paaren auftraten. Selbstverständlich sollte man nicht zu viele Paare mit dieser einen Strategie traden. Denn dann würde sich das Klumpen-Risiko tatsächlich einstellen, sobald der Trader zu viele ähnliche oder stark korrelierte Paare handelt.

Praktische Fragen

Schließlich möchte ich noch auf einige Fragen eingehen, die auftauchen, wenn man beide Strategien in der Realität anwendet.

Man sollte generell keinen Trade platzieren wenn der Markt am Sonntagabend (oder Montagfrüh) auf dem gleichen Level wie das Hoch oder das Tief der vergangenen Woche gehandelt wird. Es macht keinen Sinn die Stretch-Strategie oder die Chase the Weekly-Strategie zu handeln, wenn der Markt nur zehn oder auch nur zwanzig Pips unter oder über diesen Levels steht. Warten Sie lieber, bis sich der Markt mindestens vierzig oder fünfzig Pips von diesen Levels entfernt hat und platzieren Sie dann Ihre Orders für die Woche.

Es ist egal ob Sie das „Hoch" von „unten" oder von „oben" handeln. Was meine ich damit? Es kommt durchaus vor, dass ein Paar gleich am Anfang der Woche über dem Vorwochen-Hoch eröffnet. Das kommt zum Beispiel schon mal bei starken Trends vor. Sie brauchen dann nicht auf die Strategie zu verzichten, nur weil der Markt schon über dem Hoch eröffnet hat. Sie können dieses Hoch durchaus mal von der Short-Seite handeln. Das gleiche gilt natürlich wenn der Markt unter dem vorherigen Wochen-Tief eröffnet. Hier können Sie durchaus mal einen Long-Trade mit Kursziel Wochen-Tief wagen. Oder mit der Stretch-Strategie mal auf die Übertreibung setzen.

In der Regel treten diese Fälle eher selten auf. Und hin und wieder gibt es Inside-Wochen, bei denen weder das Hoch, noch das Tief erreicht wird.

Wenn Sie beide Strategien gleichzeitig auf die gleiche Anzahl von Währungspaaren handeln empfiehlt es sich, zwei unterschiedliche Brokerkonten zu nutzen. Allein, um Verwirrung zu vermeiden macht dies Sinn.

Diese Methode macht Sie auch unabhängiger von einem einzelnen Broker. Professionelle Trader haben in der Regel mehrere Konten bei unterschiedlichen Brokern. Ich denke, das ist eine Maßnahme, die man allein schon aus Gründen des Risikomanagements ergreifen sollte. Verteilen Sie ihr Trading-Kapital lieber über zwei oder drei Broker-Konten statt alles auf einem Konto zu haben.

Stellen Sie sich vor, Sie haben Ihr ganzes Geld auf einem Broker-Konto geparkt und plötzlich gerät der Broker in finanzielle Schwierigkeiten. Sie glauben vielleicht, dass dies sehr unwahrscheinlich ist? Aber die Erfahrung hat gezeigt, dass gerade bei Extremereignissen wie zum Beispiel der *Frankenschock von 2015* schlecht kapitalisierte Broker durchaus pleitegehen können. Schützen Sie Ihr Trading-Kapital vor einem solchen Ereignis. In der Regel bekam der Trader zwar irgendwann sein Geld zurück, wenn er ein *segregiertes Konto* hatte (was ich dringend empfehle). Ein segregiertes Konto ist ein Konto, das getrennt von dem Vermögen des Brokers auf den Namen (und im Eigentum) des Traders geführt wird. Trotzdem kann sich dieses „irgendwann" durchaus mal auf zwei Jahre oder mehr hinausziehen. Stellen Sie also sicher, dass Sie nie in eine solche Situation geraten und aus dem Grund zwei Jahre lang nicht traden können weil Ihr Geld auf Grund von *außergewöhnlichen Umständen* „blockiert" ist. Ein Konkursverfahren kann sich mitunter über Jahre hinziehen.

Haben Sie Ihr Trading-Kapital über mehrere Konten verteilt, macht dies Ihr Trading-Business weniger anfällig gegen externe Risiken.

Aber die wichtigste Maßnahme, die Ihr Trading-Business ganz sicher robust machen wird, ist <u>wenn Sie aufhören nur eine einzige Strategie zu traden</u>. Wenn ich in dieser Serie über Forex-Trading sechs verschiedene Strategien vorstelle, tue ich es nicht, weil man sie einzeln traden, sondern miteinander kombinieren sollte. Warum Sie das tun sollen ist der Inhalt des vierten und letzten Teils dieser Serie.

TEIL 4:
TRADE MEHRERE STRATEGIEN GLEICHZEITIG

1. Warum Sie mehrere Strategien gleichzeitig traden sollten!

Trader, die sich auf den Devisenhandel spezialisiert haben, neigen dazu, lediglich *eine einzige Strategie* zu handeln. Ich weiß es nur zu gut, ich war eines Tages ein solcher Trader (zur damaligen Zeit war Devisenhandel für Privatanleger eine neue und heiße Sache). Und damit beging ich schon diesen ersten Fehler, den ich in meiner Unwissenheit leider immer wieder wiederholte. Denn wenn Sie nur eine Strategie haben oder haben wollen, sind Sie zwangsläufig ständig <u>auf der Suche nach der einen Strategie, die Sie reich machen wird</u>.

Schauen Sie sich doch mal die Trader-Foren im Internet an. Sie sind voll von Threads von Tradern, die *ihre* Strategie vorstellen, natürlich mit den besten Absichten. Bei jeder neuen Strategie, die dort auftaucht, gerät die Forex-Gemeinde in Aufregung und alle springen auf diesen neuen Zug auf. Alle müssen das neue Ding gleich ausprobieren. Denn vielleicht liegt hier das Gold begraben, nach dem alle auf der Suche sind?

Was dann folgt, brauche ich dem Leser kaum zu erzählen. Kaum hat das Forumsmitglied die neue

Strategie ausprobiert, tauchen schon nach einigen Gewinn-Trades auch die ersten Verlust-Trades auf. Vielleicht ist das neue Ding doch nicht so vielversprechend wie es auf den ersten Blick aussah. Bald muss das Forumsmitglied feststellen, dass die neue Strategie leider genauso viele Verluste erzeugt wie die vorherigen auch.

Und somit fährt der Zug weiter und das Forumsmitglied wird am nächsten Tag die Strategie des Forumsmitglieds X ausprobieren, die er bislang übersehen hat. Ich denke, der Leser weiß nun bereits, wie die Geschichte ausgeht. Das unglückliche Forumsmitglied wird nun auch die Strategie von Forumsmitglied X „testen" und nach wenigen Wochen feststellen, dass auch hier das Gold nicht vergraben liegt.

Damit kommen wir zum wohl kaum überraschenden Befund: <u>alle Forex-Strategien machen Verluste.</u> Alle! Die einen ein bisschen mehr, die anderen ein bisschen weniger. Und damit kommen wir zugleich zum zweiten Befund: <u>alle (oder fast alle) Forex-Strategien sind profitabel.</u>

Wie bitte? Alle Forex-Strategien sind profitabel? Jawohl, die meisten, oder doch sehr viele dieser Strategien (wenn sie zumindest auf wohlerprobten Trading-Prinzipien basieren) sind auf längerer Sicht profitabel. Zumindest wenn sie einfachen mathematischen

Gesetzen gehorchen. In Tradersprache ausgedrückt: wenn sie mit Chance-Risiko-Verhältnissen von 1:2 oder 1:3 arbeiten. Und auch wenn sie mit Chance-Risiko-Verhältnissen von lediglich 1:1 arbeiten, dafür mit Trefferquoten über 50 %. All diese Systeme sind auf längerer Sicht profitabel.

Wohl gemerkt: auf längerer Sicht. Und hier liegt natürlich das Problem unseres eifrigen Forumsmitglieds. Wenn er das System in einer Phase zu testen beginnt, in der es sich gerade in einer Drawdown-Phase befindet, wird er es nach wenigen Wochen (oder nach wenigen Tagen) verwerfen. Das System des Forummitglieds X produziert nur Verluste, sagt er sich dann. Schauen wir uns die Kapitalkurve dieser Forex-Strategie an (Bild 1).

Bild 1: Kapitalkurve des Forummitglieds X

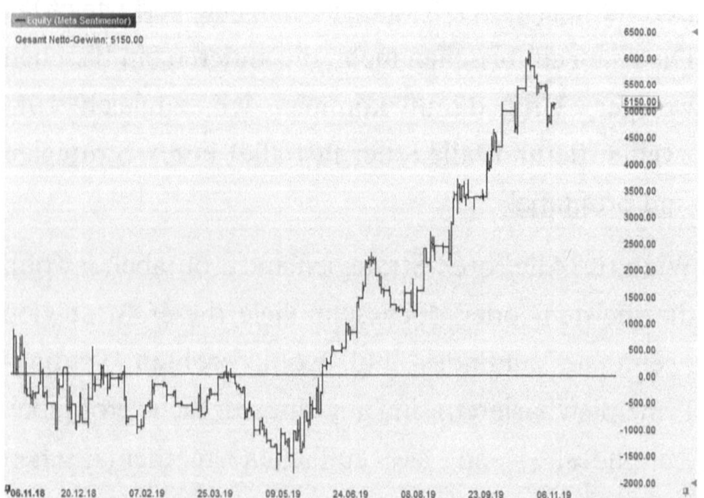

Ist diese Strategie profitabel? Und ob! Mit den Ergebnissen dieser einfachen Strategie können Sie ein Vermögen machen (wenn Sie wollen). Aber haben Sie sich auch diese Drawdown-Periode von November 2018 bis Mai 2019 (links im Chart) angeschaut? Diese dauerte sieben Monate! Überlegen Sie mal: Sieben Monate, in denen das System keine Gewinne generierte!

Nun sagen Sie doch selbst: halten Sie das als Mensch aus, wenn Ihr System, das Sie gerade traden über mehr als sieben Monaten keine Gewinne, ja sogar mehrheitlich Verluste produziert? Vermutlich nicht, oder? Ich halte das auf keinem Fall aus.

Warum nicht? Weil ich ein Mensch bin. Unglücklicherweise ist unsere Psyche so veranlagt, dass wir immer auf „Instant Gratification" aus sind, wie die Amerikaner sagen. Das heißt, wenn wir nach etwas verlangen (egal was), wollen wir es auch *gleich* bekommen.

Ich zum Beispiel bin ein Kaffeetrinker. Stellen Sie sich nun vor, Sie gehen zu Ihrem Lieblingskaffeehaus und bitten um eine Tasse Kaffee. Die Kellnerin teilt Ihnen mit einer etwas gedämpfter Stimme mit, dass es heute leider keinen Kaffee gibt (weil die Espressomaschine gewartet werden muss oder aus welchem Grund auch immer). Sie verziehen das Gesicht und weichen wohl oder übel auf Tee aus. Am nächsten Tag gehen Sie wieder hin. Sie freuen sich, aber schon wenn die Kellnerin auf Sie zukommt, ahnen Sie es bereits. Leider wird die Espressomaschine immer noch gewartet.

Werden Sie am nächsten Tag wieder in dieses Kaffeehaus gehen? Wohl eher nicht, oder? Vielleicht funktioniert die Espressomaschine bei den Nachbarn besser. Das heißt doch, dass wir als Menschen leider so veranlagt sind, dass wir nicht allzu viele Abweisungen aushalten können. Obwohl wir sehr gut wissen, dass die Espressomaschine unseres Kaffeehauses früher oder später wieder funktionieren wird. Das muss sie auch, sonst wird es bald all seine Kunden los sein. Wir wissen das, und doch ziehen wir es vor, zu dem Kaffeehaus nebenan zu gehen, weil wir es schlicht nicht aushalten, drei Tage nacheinander Tee trinken zu müssen.

Diese kleine Geschichte mag Ihnen vielleicht ein wenig simpel vorkommen, aber genau das geschieht mit Ihrem Reptiliengehirn, sobald Sie den Devisenmarkt betreten und einen Trade ausführen. Das werte Forumsmitglied eilt von Kaffeehaus zu Kaffeehaus (gleichsam von Strategie zu Strategie) in der Hoffnung, endlich das Kaffeehaus zu finden, in dem er *jeden Tag* bedient wird.

Das Ende vom Lied kennen Sie bereits. Das werte Forumsmitglied wird dieses Karussell so lange fahren, bis sein „Tradingkapital" ausgeschöpft ist. Dieser Tag kommt früher oder später (meistens früher). Und dann können Sie natürlich die Klage vorhersagen: Forex funktioniert nicht.

Stimmt. Forex-Trading ist kurzfristig fast unvorhersehbar. Es ist unmöglich sagen zu können, wenn Sie ab heute System X oder System Y traden, dass Sie damit gleich Erfolg haben werden. Aus Sicht von wenigen Wochen (geschweige denn Tagen) ist dies schier unmöglich. Und leider ist unser Reptiliengehirn nur in der Lage, etwas auf Grund von solchen kurzen Zeitspannen zu bewerten. Wir sind schlicht nicht in der Lage, ein Trading-System, das auf längerer Sicht durchaus robuste Ergebnisse abwirft, mit unserem menschlichen Gehirn zu beurteilen (siehe Bild 1).

Und diese Tatsache ist schon der wichtigste Grund, <u>weshalb Sie sich nicht auf eine einzelne Strategie verlassen sollten,</u> wenn Sie vorhaben, ein Trading-Business auf Basis von Devisenhandel aufzubauen. Sie machen sich damit unglaublich verletzlich. Zu oft passiert es leider, dass ein Trader eine profitable Strategie fallen lässt, nur weil sie einige Wochen Verluste produziert. Wenn Sie mit nur einer Strategie handeln, sind Sie so vielen Stricken und Fallen ausgesetzt, dass Sie sich ständig selber ein Bein stellen.

Es gibt natürlich mehrere Gründe, weshalb Trader nur mit einer Strategie handeln. Der Hauptgrund dürfte sein, <u>dass sie glauben, dass es anderen Handelsmethoden überlegen ist.</u> Wenn Trader im Devisenhandel starten, verwenden sie in der Regel die Methode, auf die sie zunächst gestoßen sind (also durch Zufall). Sie setzen diese Methode ein, weil sie noch recht wenig vom Handel verstehen. Und natürlich, weil sie kaum wissen, dass es durchaus andere profitable Methoden oder Systeme gibt.

Produziert dieses System seine ersten Verluste, verlieren Sie allmählich das Vertrauen, dass Ihr System Ihnen auch das erwünschte Ergebnis liefern wird. Und zwangsläufig werden Sie sich wieder im Forex-Forum umschauen und das System des Forummitglieds Y oder Z ausprobieren. Sobald sie Methode X oder Y „getestet" haben, glauben Sie gleich, dass diese besser sind als ihre eigene Methode. Diese Einschätzung haben Sie aus dem Grund, weil Sie gerade erst diese neue Methode handeln. Sie sind noch voller Hoffnung, dass Sie Ihnen die erwünschten Ergebnisse liefern wird.

Viele Forex-Trader sind zum Beispiel in den letzten Jahren dazu übergegangen, „Price-Action-Strategien" zu traden. Man hat diesen Trend vor einigen Jahren aufkommen sehen. Ein Trader hat damit angefangen, einige sind ihm gefolgt und auf einmal waren die ganzen Trader-Foren voll von „Price Action."

Verstehen Sie mich nicht falsch. Ich kritisiere diese Methode nicht. Sie ist eine robuste Trading-Methode, die auf einigen einfachen und klaren Prinzipien beruht. Es steht eine eindeutige Trading-Philosophie dahinter. Es gibt aber keinen Grund anzunehmen, weswegen Price Action besser sein soll als irgendeine andere Methode, zum Beispiel als eine, die einfach auf das Kreuzen von zwei Indikatoren beruht oder auf Fortsetzungsmuster in Trendphasen. Alle diese Methoden beruhen auf einer spezifischen Beobachtung des Marktverhaltens. Und keine von ihnen ist falsch. Sie ist aber dafür auch nicht „besser."

Der Grund, weshalb ein Trader von der einen Methode auf die andere wechselt, ist oft schlicht, etwa weil die eine Methode ihm eher „einleuchtet" als die andere. Das ist meiner Meinung nach der Grund für den Erfolg der Price Action-Methode. Sie leuchtet vielen Tradern ein, weil sie einfach zu verstehen ist. Das bedeutet aber noch lange nicht, dass sie dafür profitabler wäre als irgendeine andere Methode.

Jede Strategie hat demnach ihre eigenen Prämissen, wie der Markt funktioniert. Für einen Price Action

Trader ist die gesamte Information im Chart selbst zu finden. Er verzichtet also auf sämtliche Instrumente der Technischen Analyse wie Indikatoren oder Oszillatoren. Und für einen Trader, der Unterstützung und Widerstand handelt, ist es eben die Beobachtung, dass der Abgabe-Überhang an den Widerstandsleveln größer ist als sonst wo.

Ein anderer wichtiger Grund, weshalb sich Trader nur einer einzelnen Strategie verschreiben, ist, <u>weil eine einzige Strategie das Verständnis des Marktes erleichtert</u>. Es liegt nun mal in der Natur unseres Gehirns, dass wir versuchen, die Dinge zu vereinfachen, sobald wir mit Komplexität konfrontiert werden. Wir wollen verstehen, was an den Finanzmärkten vor sich geht. Aber wir versuchen dies, indem wir dazu vereinfachte Modelle heranziehen und geflissentlich andere Modelle übersehen.

Nun sind die Finanzmärkte die denkbar komplexesten Systeme, die man sich ausdenken kann. Und das natürliche Bedürfnis, sie auf Grund vereinfachter Modelle zu verstehen, ist nur zu verständlich. Die Folge ist, dass Sie dadurch ein verzerrtes Bild der Realität bekommen. Ihre Methode, Ihr System, das Sie gerade handeln, macht Ihnen Glauben, dass der Markt dieses oder jenes tun wird und Sie versuchen dessen Verhalten mit Ihrem System zu erklären. Dass dies zu einem unzureichenden Bild der Realität führt, braucht hoffentlich keine Erklärung.

Die meisten Trader, die ich kenne, betrachten ihre Strategien als eigenständige Systeme, deren Erträge dazu dienen, ihre finanziellen Ziele zu erreichen. Wenn dies der Fall ist, dann sollte man im Grunde <u>jede Strategie sehen wie eine langfristige Wette auf ein zu erwartendes Ergebnis</u>. So betrachtet muss im Grunde jede Strategie wie *ein Wertpapier* betrachtet werden, in das man eine bestimmte Summe Geld investiert. Wenn Sie eine Aktie kaufen, dann erhoffen Sie sich auf längerer Sicht einen bestimmten Ertrag, sei es, dass Sie auf eine Wertentwicklung dieser Aktie spekulieren, sei es, dass Sie sich ein Einkommen von diesem Investment erkaufen, indem das Unternehmen eine jährliche Dividende ausschüttet.

Genauso sollten Sie eine bestimmte Strategie betrachten. Sie sollten sie <u>wie ein Baustein in Ihrem Portfolio</u> betrachten, genauso wie eine Aktie oder ein Fonds.

Wenn Sie diesen Gedanken annehmen können, dann ist für Sie das Investment in eine bestimmte Strategie oder in einen anderen Vermögenswert im Grunde das Gleiche. Als nächsten Schritt sollten Sie dann ein Investmentportfolio aufbauen.

Ab jetzt gilt: nicht mehr ein einzelnes Investment (sei es eine einzelne Strategie oder eine einzelne Aktie) ist

das Instrument zum Erreichen meiner finanziellen
Ziele. Ab jetzt wollen Sie ein ausgewogenes Portfolio
mit unterschiedlichen Vermögenswerten besitzen.

Genauso wie niemand auf die Idee käme, ein
Investmentportfolio mit nur einer einzelnen Aktie
aufzubauen, genauso sollten Sie auch kein Portfolio
mit lediglich *einer* Strategie anlegen.

2. Weniger Volatilität in der Kapitalkurve

Wir können uns nun auf zwei Bereiche stützen, die in der Wissenschaft intensiv erforscht und jahrzehntelang in der Praxis erprobt wurden: Portfoliooptimierung und Diversifizierung. Durch die Anwendung dieser grundlegenden Prinzipien, die in die Erstellung eines Portfolios aus den üblichen Vermögenswerten einfließen, können wir ein Portfolio aus mehreren Strategiesystemen erstellen. Die gleichen Vorteile, die Sie aus einem Portfolio mit den üblichen Vermögenswerten ziehen, wie z.B. eine geringere Volatilität der Kapitalkurve und eine risikoadjustierte Rendite, können Sie dann auf Ihr Portfolio mit Handelsstrategien übertragen.

Man sollte den Gedanken eines Portfolios auch zu Ende denken. Genauso wenig wie der Manager eines großen Investmentfonds auf den Gedanken käme, die gesamten Kundengelder in nur eine einzelne Aktie zu investieren, genauso würde er es handhaben, wenn er zum Beispiel in Trading-Strategien investiert (was gelegentlich auch geschieht). Er würde nie alles auf eine Karte setzen, indem er nur eine einzelne Strategie handelt. Er wird diversifizieren.

In dem Sinne kann er eigentlich *nicht genug* unterschiedliche Vermögenswerte kaufen. Setzt er ausschließlich auf Aktien, kann er eigentlich nicht genug Aktien besitzen. Natürlich trägt eine solche Herangehensweise gewisse Risiken in sich. Letztlich will er ein „ausgewogenes Portfolio" aufbauen, ein Portfolio, in dem Chancen und Risiken in einem vernünftigen Verhältnis zu einander stehen.

Ich bin daher der Überzeugung, dass die Verwendung mehrerer Strategien auf längerer Sicht profitabler ist als wenn Sie nur eine einzige Strategie handeln. Der Grund ist einfach. Wenn Sie mehrere Strategien gleichzeitig traden, <u>verteilen sich die Wahrscheinlichkeiten (Probabilities) der einzelnen Strategien über die Zeit</u>. Jede Strategie, die Sie traden, hat ihre eigene Reihe von Gewinn-Trades und Verlust-Trades, wie die Beispiele in diesem Buch (Teil 1 bis 3) gezeigt haben. Als Trader wissen Sie nur nicht, *wann* diese Reihen auftreten werden und *in welcher* Ihrer Strategien. Dass einzige, das Sie wissen, ist, dass Sie diese Gewinn-Reihen und Verlust-Reihen haben werden.

Durch die Verteilung von Gewinn und Verlust über mehrere Strategien erzeugen Sie gleichsam eine gewisse Gleichgültigkeit einer Verlustreihe gegenüber (besser Objektivität). Dies ist natürlich leichter zu erzielen mit einem Portfolio, das aus mehreren Strategien besteht als wenn Sie nur eine einzelne Strategie handeln würden.

Die Auswahl Ihrer Strategien sollte dafür sorgen, dass sich die Wahrscheinlichkeiten von Gewinn oder Verlust der einzelnen Strategien nicht miteinander vermischen. Ein Trade, der auf Basis von Pivots eingegangen wurde, ist ein ganz anderer als ein Trade, der zum Beispiel auf Basis der runden Zahl oder eines Vorwochen-Hochs eingegangen wurde. Die Wahrscheinlichkeit, dass alle Strategien gleichzeitig Verluste einfahren, ist zwar gegeben, aber eher unwahrscheinlich.

Sollte eine Ihrer Strategien auf einmal eine Verlust-Reihe bilden, könnte eine andere plötzlich wieder gewinnen. Der Differenzierungseffekt sorgt dann dafür, dass die eine Gewinnreihe einer bestimmten Strategie die Verlustreihe einer anderen Strategie kompensiert oder aufhebt.

Anders gesagt, als Trader konzentrieren Sie sich ab nun nicht mehr auf die Durchführung einer einzelnen Strategie (mit allen psychologischen Nachteilen). Ab jetzt sind Sie der Verwalter eines Portfolios unterschiedlicher Strategien, die hoffentlich so wenig wie möglich miteinander korreliert sind. Sie werden gleichsam die gleichen

Prinzipien anwenden, die bei der Verwaltung eines Portfolios aus traditionellen Vermögenswerten geschieht. Das Ziel eines solchen Vorgehens ist, dass Ihre Profitkurve glatter verläuft und sich Ihre Drawdowns in Grenzen halten. Ich möchte dies anhand einiger Beispiele illustrieren.

Stellen Sie sich vor, Sie handeln ein Portfolio von vier Forex-Strategien, die alle unterschiedliche Ergebnisse erzielen.

Bild 2: Strategie 1, Kapitalkurve November 2018 – November 2019

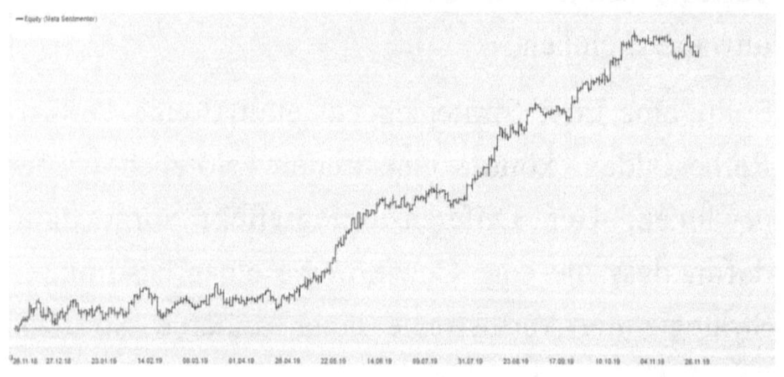

Ihre erste Strategie ist durchaus profitabel wie die Kapitalkurve eines ganzen Jahres Trading (November 2018 – November 2019) zeigt. Allerdings kamen die Gewinne nicht gleichmäßig wie man eindeutig sehen kann. In der ersten Jahreshälfte 2019 gab es etwas Gewinn, aber es dauerte bis Ende April 2019 bis die Kapitalkurve spürbar anzuziehen begann. Ein Trader, der diese Strategie ausschließlich gehandelt hätte, hätte sich womöglich nach einigen Monaten enttäuscht zurückgezogen und die Strategie eingestellt.

Bild 3: Strategie 2, Kapitalkurve November 2018 – November 2019

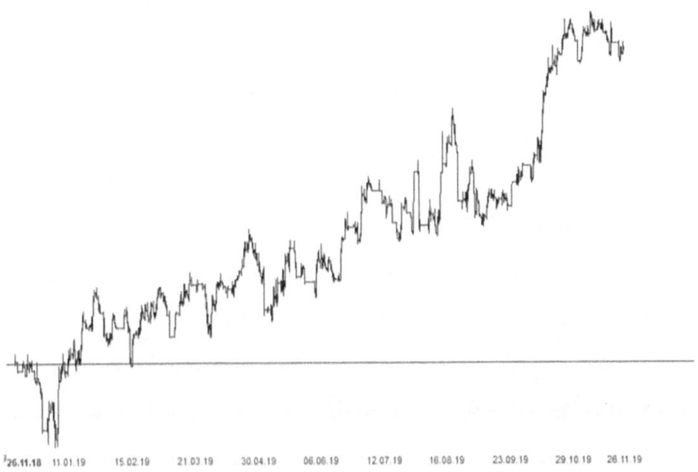

Die Ergebnisse der zweiten Strategie scheinen auf den ersten Blick leichter für die Traderpsyche. Allerdings startete das System mit einem ordentlichen Drawdown (links im Chart). Es war über einen Monat im Minus bis es überhaupt anfing, Gewinne zu produzieren. Wie man sehen kann, dauerte es auch hier fast bis zum Sommer 2019 bis die steigende Tendenz in der Kapitalkurve überhaupt sichtbar wurde. Auch hier hätten manche eher aufgegeben nach anfangs „enttäuschenden Ergebnissen."

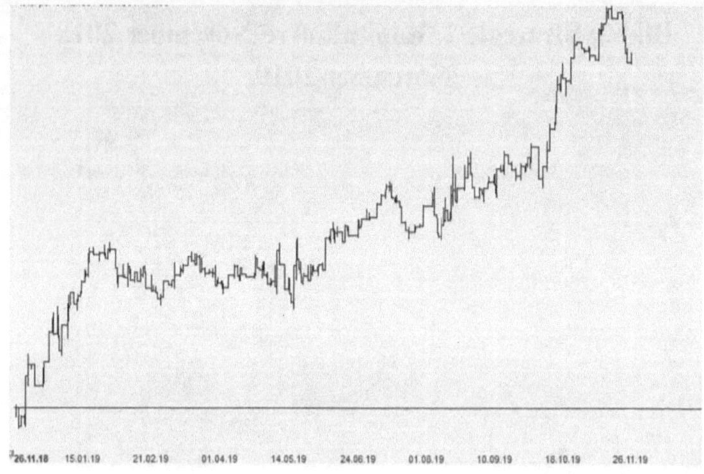

Die dritte Strategie machte es dem Trader anfangs sicher leichter, weil die Kapitalkurve in den ersten Wochen gleich nach oben ging. Aber dann wanderte sie über Monate seitwärts (von Februar bis Mai 2019) bis irgendwann ein neues „Hoch" erreicht wurde. Von einem Drawdown im echten Sinne des Wortes konnte zwar nicht die Rede sein, aber von Februar bis Mai verdiente das System kein Geld. Auch hier zahlte sich die Geduld erst nach und nach aus.

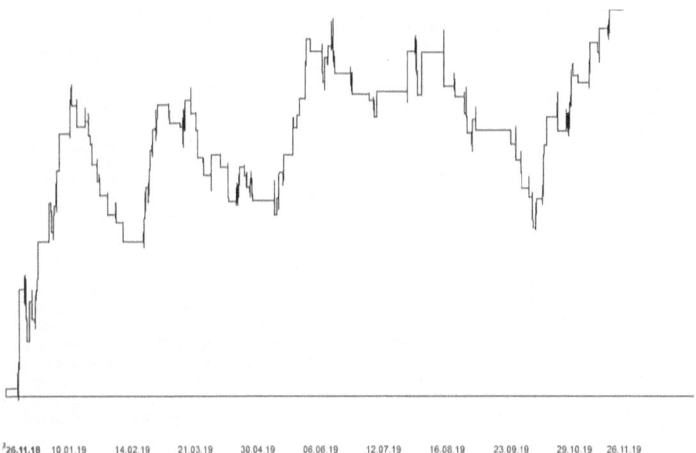

Die vierte Strategie produzierte deutlich weniger Trades als die ersten drei, was aber dafür sorgte, dass die Kapitalkurve nun auch nicht einfach zu verdauen war. Hier gab es im Laufe des Jahres immer wieder Drawdowns von 40 % und mehr. Im September gab das System sogar einen großen Teil der Jahresgewinne wieder ab, bis dann erst im letzten Quartal die eigentlichen Gewinne auftauchten. Das müssen Sie als Trader erst mal verkraften können. Ungewöhnlich ist eine solche Kapitalkurve keineswegs.

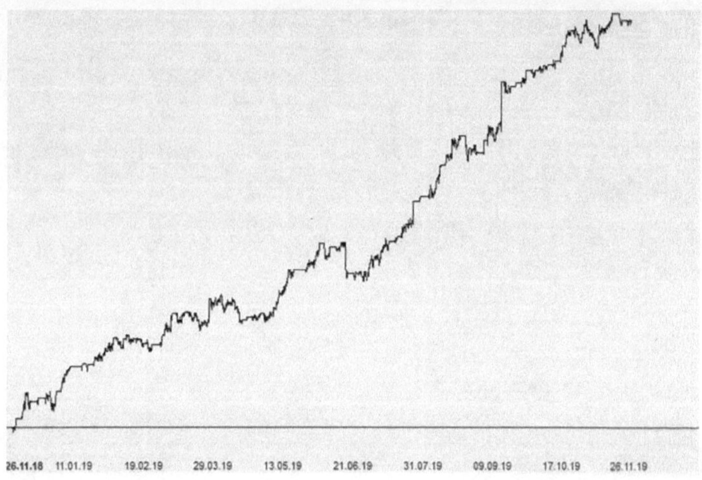

Hätten Sie nun alle vier Strategien gleichzeitig gehandelt, hätten Sie eine Kapitalkurve wie im Bild 6. Wie Sie sehen, gab es zwar auch Ups und Downs, aber diese waren psychisch sicher zu verkraften. Außerdem war das Forex-Portfolio von Anfang an im Gewinn und die Kapitalkurve verlief dank der Diversifizierung auf vier Strategien viel glatter als wenn Sie nur eine der vier Strategien gehandelt hätten. Mit einer Kapitalkurve wie dieser kann ich als Trader sehr gut leben.

Viel schwieriger erscheint mir, wenn ich mich nur auf eine einzelne der vier Strategien verlassen sollte. Die vier Beispiele sind nicht ungewöhnlich oder an den Haaren herbeigezogen. Und Drawdowns, die sich über Monate hinziehen, kommen in vielen

Trading-Strategien vor. Wenn Sie diese als Trader schlecht verkraften können, dann würde ich Ihnen eine solche Art von Diversifizierung empfehlen.

Sie traden dann nicht mehr eine bestimmte Strategie. Sie verwalten dann ein kleines Portfolio unterschiedlicher Strategien, die eben zu unterschiedlichen Zeiten Gewinne und Verluste produzieren. Wichtig ist natürlich, dass der langfristige Erwartungswert aller Strategien positiv ist. Deswegen sollten Sie, bevor Sie ein solches Portfolio aufbauen, sich eingehend mit jeder einzelnen Strategie auseinandersetzen. Wenn Sie die Möglichkeit besitzen, sie zu backtesten, dann sollten Sie dies natürlich tun. Denn dann verfügen Sie zumindest über Statistiken dieses Systems, die Ihnen verraten, ob es langfristig einen positiven Erwartungswert hat oder nicht.

3. Wie viele Strategien sollte ich gleichzeitig traden?

Meine Antwort darauf ist pragmatisch: nicht zu viele, aber auch nicht zu wenig. Zwei Strategien sind eindeutig zu wenig, denn mit zwei Strategien werden Sie den erwünschten Differenzierungseffekt nicht hinbekommen.

Es müssen nun auch nicht zwanzig sein. Halten Sie es zwischen vier und acht, dann sind Sie auf der sicheren Seite. Sie müssen auch bedenken, dass Sie hin und wieder einen Blick auf die Performance der einzelnen Strategien werfen müssen. Wenn Sie semi-automatisch handeln oder gar völlig diskretionär, dann können Sie ohnehin nur eine beschränkte Anzahl von Strategien gleichzeitig handeln. Weniger ist da manchmal besser als mehr. Denn je mehr Strategien Sie handeln, desto eher besteht die Gefahr, dass eine von ihnen überhaupt nicht profitabel ist, auch nicht nach einem Jahr.

4. Kann man auch mit kleinen Konten diversifizieren?

Selbstverständlich kann man dies. Gerade im Forex-Trading steht diese Herangehensweise Tradern mit kleinen Konten (unter $ 1000) auf jeden Fall offen. Dank der Mikrolots (lots von $ 1000) können Sie genauso eine Diversifizierung erreichen wie wenn Sie über ein größeres Konto verfügen würden. Ich finde es sogar eine ausgezeichnete Methode, um sich nach und nach mit dem Forexhandel vertraut zu machen und schrittweise ein größeres Konto aufzubauen.

5. Wann sollte ich anfangen, einen Hebel zu benutzen?

Wurden die einzelnen Strategien getestet und Sie haben sie in ihrer Trading-Plattform implementiert, dann kann es natürlich losgehen. Wenn Sie vorhaben, mehrere Strategien zu traden, empfehle ich, die Sache anfangs eher konservativ anzugehen. Mit „konservativ" meine ich: riskieren Sie nicht mehr als 0,1 oder 0,2 % Ihres Tradingkapitals. Traden Sie Minilots und Sie riskieren bei einer bestimmten Strategie 20 Pips pro Trade, entspricht dies 20 $. Wenn Sie nur 0,2 % aufs Spiel setzen, bedeutet dies, dass Sie über $ 10.000 Tradingkapital verfügen müssen, um dies zu erreichen. Haben Sie zum Beispiel nur $ 1000, dann sollten Sie mit Mikrolots handeln ($ 1000-Lots). Dann riskieren Sie nur $ 2 pro Trade.

Die Sache wird schnell komplex, wenn Sie diese Art von Risikomanagement auf jede einzelne Strategie beziehen, die Sie handeln. Aber da zeigt sich natürlich der Vorteil eines Trading-Portfolios. Wenn die Ausschläge auf der Kapitalkurve einer einzelnen Strategie und die Drawdowns durchaus 20 % oder mehr betragen könnten, dann sind sie bezogen auf die Kapitalkurve des Gesamtportfolios nur 5 % (wenn Sie zum Beispiel vier Strategien handeln und diese gleich gewichten). Außerdem werden solche Verluste von den Gewinnen in den anderen Strategien aufgehoben.

Haben Sie nach einer gewissen Zeit Vertrauen in Ihr Portfolio gewonnen und stellen fest, dass Ihr Gesamtkonto stetig wächst, dann können Sie über einen höheren Hebel nachdenken.

Aber nochmal: es ist in dem Fall nicht eine einzelne Strategie, die darüber entscheidet, ob und wann Sie einen höheren Hebel einsetzen sollten, sondern das Gesamtportfolio und dessen Kapitalkurve. Erst wenn das Gesamtkonto nach oben zeigt, sollten Sie den Hebel einsetzen. Deswegen gilt:

Amateure hebeln eine einzelne Strategie. Profis hebeln ein Portfolio an Strategien.

Wenn Sie sich nochmal Bilder 2 bis 6 anschauen. In welchen der fünf Kapitalkurven wollen Sie einen Hebel benutzen?

Ich hoffe, dem Leser ist klar, was ich hier meine. Wenn Sie die Kapitalkurven der vier einzelnen Strategien anschauen, dann ist Ihnen doch wohl klar, dass Sie im Grunde in keiner dieser einzelnen Strategien einen Hebel einsetzen wollen. Erst wenn Sie eine glattere Kapitalkurve im Gesamtportfolio hinbekommen, sollten Sie den Hebel ansetzen und diesen dann gleichmäßig über alle vier Strategien verteilen.

Sie können darüber nachdenken, weniger Geld in die schwächeren Strategien und mehr Geld in die besseren Strategien zu investieren. Aber Hand aufs Herz, wann und wie wollen Sie wissen, welche Ihrer Strategien „schwächer" sein wird als die anderen. Sie wissen es im Grunde erst im Nachhinein. Deswegen wäre ich vorsichtig mit solchen Maßnahmen. Sie machen die Sache dadurch unnötig kompliziert.

Wenn eine Ihrer Strategien dermaßen schlecht performt, dass sie eher wie eine Geldvernichtungsmaschine aussieht, dann würde ich sie schlicht vom Markt nehmen und durch eine andere ersetzen. Aber wie gesagt, seien Sie vorsichtig. Es heißt nicht, wenn eine Ihrer Strategien über mehrere Monate hinweg kein Geld verdient, dass sie deswegen „schlecht" ist, wie die Beispiele hier oben hoffentlich gezeigt haben.

6. Forex-Trading ist ein Business

Die ganzen Überlegungen, die ich in diesem Teil dieser Reihe anstelle, dienen am Ende dazu, Trading wie ein Business, wie ein echtes Geschäft zu betrachten.

Es tut mir leid, wenn ich es drastisch ausdrücke: wenn Ihre „Tätigkeit" darin besteht, dass Sie auf Basis von einigen Indikatoren täglich Long und Short gehen im EURUSD, dann haben Sie kein Business. Zumindest ist es nicht das, was ich unter einem Business verstehe. Denn wenn Sie eines Tages aufhören sollten, Long und Short zu gehen im EURUSD, dann haben Sie plötzlich kein „Business" mehr. So einfach ist das.

Fangen Sie endlich an, Forex-Trading, wie Trading überhaupt, wie ein echtes Geschäft zu betreiben. Ein Geschäft mit Einnahmen und Ausgaben (Verluste genannt), mit Gewinnmargen und mit einer Jahresbilanz. Treten Sie dieses ganze Trading-Ding endlich auf eine professionelle Art an und hören Sie auf, wie ein einzelner Krämer auf dem Markt herumzuschreien.

Das bedeutet nichts mehr und nichts weniger, als dass Sie immer weniger *in* Ihrem Business und mehr *an* Ihrem Business arbeiten sollten.

Ich weiß, Trading ist aufregend, noch mehr, wenn Sie das gerade erst begonnen haben. Aber für jemanden wie mich, der seit über 19 Jahren im Geschäft ist, zählt am Ende nur noch eines: Was hat mir mein Business in diesem Geschäftsjahr eingebracht? Und wie kann ich das vielleicht nächstes Jahr noch effizienter tun?

Ich möchte Sie mit diesem Buch dazu einladen, darüber nachzudenken, ob es nicht effizienter wäre, Ihr Trading-Business wie der Manager eines großen Fonds zu betrachten, der unterschiedliche „Assets" risikoadjustiert verwaltet.

Und wenn Sie jemals vorhätten, Kundengelder zu verwalten... Auf welche Weise kommen Sie professioneller voran? Indem Sie täglich den EURUSD auf Grund von zwei Indikatoren traden? Wohl eher nicht, denke ich...

Glossar

AUD/USD: Währungsverhältnis zwischen dem australischen Dollar und dem amerikanischen Dollar

Bracket-Orders: Bracket-Orders tragen dazu bei, Verluste zu begrenzen und einen Gewinn zu sichern, indem ein Auftrag mit zwei entgegengesetzten Aufträgen „eingeklammert" wird. Eine Buy-Order wird durch eine Sell-Limit-Order und eine Sell-Stop-Order eingeklammert. Eine Sell-Order wird durch eine Buy-Stop-Order und eine Buy-Limit-Order eingeklammert

Break Even: English für Gewinnschwelle

Broker: (Englisch für Börsen-Makler): Finanzdienstleister, der für die Durchführung von Wertpapierordern von Anlegern zuständig ist

Chance-Risiko-verhältnis (CRV): Das CRV dient als Indikator für die Sinnhaftigkeit einer Anlage. Es wird berechnet durch die Division der erwarteten Rentabilität durch den größtmöglichen Verlust (Stop-Loss)

Countertrend: Gegenbewegung im Rahmen des Haupttrends

Daytrading: Daytrading beschreibt den kurzfristigen spekulativen Handel mit Wertpapieren. Hierbei werden Positionen innerhalb des gleichen Handelstages eröffnet und wieder geschlossen, mit dem Ziel bereits von geringen Kursschwankungen zu profitieren

Diskretionär handeln: Beim diskretionären Trading wird die Order an den Markt manuell und ohne automatisiertes Trading ausgeführt

Drawdown: Verluste, die innerhalb einer bestimmten Zeit ausgehend vom Höchststand entstehen können

Erwartungswert: Die Erwartung (Engl: Expectancy) eines Handelssystems ist eine Berechnung, die zeigt, wie hoch der typische Gewinn für jeden platzierten Trade ist. Ist er negativ, ist die Strategie nicht profitabel. Wenn sie positiv ist, ist die Strategie profitabel

EURCHF: Währungsverhältnis zwischen dem Euro und dem Schweizer Franken

EUR/JPY: Währungsverhältnis zwischen dem Euro und dem japanischen Yen

EZB: Europäische Zentralbank mit Sitz in Frankfurt am Main

Forex: Forex Exchange Market, internationaler Devisenmarkt

Frankenschock: Am 15. Januar 2015 hob die Schweizerische Nationalbank den Euro-Mindestkurs von 1,20 ohne Vorwarnung auf. Der Franken verteuerte sich auf Schlag um fast 20 Prozent

GBP/USD: Währungsverhältnis zwischen dem britischen Pfund und dem US-Dollar

Kapitalkurve: Eine Kapitalkurve (Engl: equity curve) ist eine grafische Darstellung der Wertveränderung eines Handelskontos über einen bestimmten Zeitraum

Klumpen-Risiko: Ein Klumpenrisiko entsteht, wenn in einem Anlageportfolio ein Übergewicht an bestimmten Wertpapieren, Branchen, Ländern resp. Währungen oder Anlageklassen besteht

Korrelation: das Verhalten von bestimmten Währungspaaren zueinander. So können sie sich entweder zur selben Zeit in die gleiche oder in verschiedene Richtungen bewegen

Kursziel: Börsenkurs, den ein Wertpapier aufgrund einer Analyse erreichen soll

Leverage-Effekt: (Deutsch: Hebeleffekt) Durch den Einsatz von Fremdkapital lässt sich die Rendite des Einsatzes von eigenem Kapital erhöhen

Limit Order: Order mit festgelegtem Preis und/oder festgelegter Zeit für die Ausführung.

Long gehen: Long zu sein heißt, Wertpapierbestände gekauft und damit im Besitz zu haben.

Lot: Ein Lot ist die Handelseinheit beim Devisenhandel (Forex) und in Futures-Märkten. Bei Forex steht ein Lot bei normalen Kontrakten für 100.000 Einheiten der vorderen Währung (Basis), also beim Währungspaar EURUSD steht 1 Lot für 100.000 Euro.

Margin: Sicherheitsleistung, die ein Anleger für den Erwerb eines Futures-Kontraktes zu hinterlegen hat.

Markteffizienzhypothese: Laut dieser Theorie sind Finanzmärkte effizient, insofern vorhandene Informationen bereits eingepreist seien und somit kein Marktteilnehmer in der Lage sei, durch technische Analyse, Fundamentalanalyse, Insiderhandel oder anderweitig zu dauerhaft überdurchschnittlichen Gewinnen zu kommen

Microlot: Ein Microlot entspricht einem Kontrakt über 1.000 Einheiten der Basiswährung in einem Forex-Paar

Minilot: Ein Minilot entspricht einem Kontrakt über 10.000 Einheiten der Basiswährung in einem Forex-Paar

Momentum: Das Momentum informiert den Anleger über das Tempo und die Stärke einer Kursbewegung.

NZD/USD: Währungsverhältnis zwischen dem US-Dollar und dem neuseeländischen Dollar

OCO-Order (One cancels the other): Eine Kombination aus Stopp-Loss und Verkaufslimit; sobald entweder das gesetzte Limit oder der Stopp-Kurs erreicht wird, wird der Auftrag ausgeführt, der jeweils andere Auftrag gelöscht.

Parität: beschreibt den Punkt, an dem zwei Währungen den gleichen Wert haben. Der Wechselkurs zwischen den beiden Währungen ist dann exakt 1 zu 1

Pennystocks: Aktien, die unter einem Euro (unter einem Dollar) notieren

Pip : Engl. : Percentage in Point, kleinste Änderung im Preis im Devisenhandel.

Pivots: Unterstützungs- und Widerstandslinien für den Intradayhandel, die sich aus der Kursbewegung des Vortages heraus ergeben

Portfolio: Gesamtheit aller aktiven Positionen eines Anlegers

Price-Action: Form der technischen Analyse von Charts, die ohne Verwendung von Indikatoren auskommt

Range: Seitwärtsphase eines Marktes

Range-Strategien: Strategien, die speziell entworfen wurden um Seitwärtsmärkten zu traden

Risikomanagement: Umfasst sämtliche Maßnahmen zur Erkennung, Analyse, Bewertung, Überwachung, Steuerung und Kontrolle von Risiken

Scalping: Trading-Technik, bei der der Trader versucht minimale Bewegungen im Markt zu handeln

Short gehen: Ein Trader ist Short, wenn er eine Position verkauft, ohne sie zu besitzen (Leerverkauf).

Segregiertes Konto: Konto, das getrennt von dem Vermögen des Brokers auf den Namen (und im Eigentum) des Traders geführt wird

Semi-automatisch handeln: Handelsstil, bei dem ein Teil der Transaktionen manuell, ein Teil automatisch durchgeführt werden

Set and Forget-Strategie: Methode, bei der Stop-Loss- und Gewinnziele von vornherein festgelegt werden. Anschließend wird es dem Markt überlassen ob aus dem Trade einen Gewinn erzielt, oder ob der Trade mit Verlust ausgestoppt wird

Stop Buy Order: Auftrag um Wertpapiere zu kaufen oder zu verkaufen, der erst dann ausgeführt wird, wenn der Preis ein bestimmtes Preisniveau erreicht

Stop-Loss-Order: Verkaufsauftrag, der bestens ausgeführt wird, sobald ein bestimmter Kurs erreicht wird.

Take Profit-Order: Eine Take-Profit-Order wird verwendet, wenn der Markt den gewünschten Gewinn-Kurs erreicht.

Timeframe: Zeitebene einer Chartdarstellung (zum Beispiel Stundenchart)

Trefferquote: Die Trefferquote beschreibt das Verhältnis von Gewinn-Trades zu Verlust-Trades.

Trend Following: Trading-Strategie, die auf das Folgen eines einmal identifizierten Trends setzt

Unterstützung: Preisniveau, an dem vermehrt Käufer auftreten

USD/CAD: Währungsverhältnis zwischen dem US-Dollar und dem kanadischen Dollar

USD/CHF: Währungsverhältnis zwischen dem US-Dollar und dem schweizer Franken

USD/JPY: Währungsverhältnis zwischen dem US-Dollar und dem japanischen Yen

Volatilität: Standardabweichung. Gibt an, wie stark ein Kurs schwankt

Widerstand: Preisniveau, an dem vermehrt Verkäufer auftauchen

Weitere Bücher von Heikin Ashi Trader

Wie macht man aus 5000 Euro eine Million?

Kann man an der Börse Millionär werden? Die Frage, wie man ein kleines Konto hochhandelt, beschäftigt zweifellos jeden Trader. Wie schafft man es, aus einer kleinen Summe ein Vermögen zu machen? Und am liebsten schnell?

Genauso wie es möglich ist, ohne einen Euro Eigenkapital ein Immobilienimperium aufzubauen, so ist es möglich mit einem kleinen Startkapital (5000 Euro oder gar weniger) hohe Gewinne an der Börse zu erzielen.

In diesem Buch stellt der Heikin Ashi Trader eine Börsenstrategie vor, mit der dies gelingen kann. Vor allem erklärt er, dass der Faktor Positionsgröße eine viel entscheidender Rolle beim Börsenerfolg spielt als gemeinhin angenommen wird. Die richtige Frage lautet demnach nicht: wie oft liegst du richtig oder falsch, sondern wie groß ist deine Position wenn du richtig liegst?

Die Methode legt es gerade darauf an, die Märkte zu finden, in denen eine bedeutende Bewegung zu erwarten ist. Und dann sollte der Trader in diesem Markt eine große Position aufbauen, damit er in vollem Umfang von dieser Bewegung profitieren kann.

Inhaltsverzeichnis

Wie trade ich eine Range?

Handeln Sie den interessantesten Markt der Welt

Trading-Ranges oder Seitwärtsphasen machen nachweislich über 70 % des Marktgeschehens an den Finanzmärkten aus. Es hat dann den Anschein, als wäre das große Geld vor allem in Trendphasen zu verdienen und als wären trendlose Märkte zu meiden, weil hier kaum ein Blumentopf zu gewinnen sei.

Die meisten Trader sind von daher auf der Suche nach einer großen Bewegung. Die Erfahrung zeigt aber, dass das Traden von solchen „Moves" oder „Trends" gar nicht so einfach ist. Entweder erkennt man den Trend zu spät, oder die Bewegung bietet kaum Gelegenheiten einzusteigen.

Es gibt aber eine spezialisierte Gruppe von Tradern, die sich um die Trends nicht scheren, sondern genau das Gegenteil tun, nämlich die trendlosen Phasen traden. Das Buch beschreibt die Methoden und Taktiken dieser Trader. Es handelt also nicht davon, wie man eine Range identifiziert um dann den Ausbruch aus dieser zu traden, sondern davon wie man die Range selber tradet.

Inhaltsverzeichnis

1. Einführung in das Range-Trading

2. Was ist ein Range-Markt?

3. Schau nach links!

4. Wie zeichne ich korrekte Unterstützungs- und Widerstandslinien?

5. In welchen Märkten kann man Range-Trading betreiben?

6. Wie handelt man eine Range konkret?

7. Wo steht der Stop?

8. Fragen des Trade-Managements

   A. Sollte man den Trade vor dem Wochenende schliessen?

   B. Sollte man bei Range-Trading Trailing-Stopps einsetzen?

Trade Gegen Den Trend!

Anfängern wird meist das Traden mit dem Trend empfohlen. Aber ist es auch profitabel? Wenn Sie mit dem Trend gehen ist die Wahrscheinlichkeit, dass Sie richtig positioniert sind höher, so heißt es. Die Erfahrung zeigt aber, dass die meisten Trader daraus kein profitables Trading-Business aufbauen können.

Der alte Börsenfuchs Andre Kostolany hat es mal treffend zusammengefasst: Man muss kaufen, wenn in den Straßen Blut fließt. Das heißt doch wohl, dass man gegen den Trend handeln sollte. Eigentlich ist dieser Spruch der Ausdruck des gesunden Menschenverstandes selbst. Die Frage ist nur: warum tun wir uns als Trader so schwer, diese Börsenweisheit in die Praxis umzusetzen?

Das neue Buch des Heikin Ashi Trader gibt Anregungen und Ideen wie man solche Gelegenheiten an der Börse erkennen kann, denn meistens liegen hier die besten Trading-Chancen.

Inhaltsverzeichnis

Teil 1: Die Snap-Back-Trading-Strategie

Teil 2: Trading-Beispiele

Kapitel 1: Beispiele in den Aktien-Indizes

Kapitel 2: Beispiele in den Währungsmärkten (Forex)

Kapitel 3: Beispiele in den Aktienmärkten

Kapitel 4: Beispiele in den Rohstoffen

Glossar

Über den Autor

Heikin Ashi Trader wird weltweit als der Spezialist für Scalping mit dem Heikin Ashi Chart betrachtet. Er tradet auf dieser Weise seit 19 Jahren. Er hat für einen Hedgefonds gehandelt und machte sich dann als Trader selbständig. Sein Scalping-Buch "Scalpen macht Spaß!" ist ein internationaler Bestseller und wurde mehr als 30.000 Mal verkauft. Auf seiner Website www.heikinashitrader.net finden Sie weitere Informationen über seine Scalping-Methode.

www.ingramcontent.com/pod-product-compliance
Lightning Source LLC
Chambersburg PA
CBHW051223160726
47994CB00002B/726